見抜く力
結果を出す人はどこを見ているか

Takeuchi Ichiro
竹内一郎

JN018631

KAWADE夢新書

はじめに――見抜く力の源となる「受信」と「発信」

少し難しい言葉だが「遍界曽て蔵さず《へんかいかつかく》」という言葉がある。中国の禅語である。空も海も太陽も月も、世界のすべてはあるがままに存在し、何も隠してはいない。真実はそもそも隠れてなどいないという意味だ。

皆に同じものが見えていて、皆にビジネスチャンスは平等に開かれている。しかし、平等だと思っている人は少ないのではなかろうか。その原因はなんだろうか――。

身も蓋《ふた》もないことを言うようだが、「しっかり見ているか、どうか」だけなのではなかろうか。もちろん、身のまわりで起きていることすべてを「しっかり見る」必要はない。自分の仕事や生き方にとって大切なことを「しっかり見る」のである。

もちろん、常識に囚《とら》われた曇《くも》った目で見ても「しっかり見る」ことにはならない。

コナン・ドイルの『シャーロック・ホームズ』シリーズは探偵小説の元祖といってもよい。魅力の一つは、主人公のホームズが相手の職業を、見た目でピタリと当てるシーンがどの物語にもあることだ。相手の見た目から中身を見抜く力は、誰もが求めている才覚の一つである。

ホームズが最初に読者を魅了するシーンは、相棒の医師・ワトソンの経歴をピタリと言い当てる場面だ。

「見たところ医者のようだが、態度がどことなく軍人っぽい。そうなると軍医だな。顔が浅黒いが、手首から上は白いから、生まれつき色黒なのではなく、熱帯地方から戻ってきたばかりにちがいない。大変な苦難を耐え忍び、重い病気に苦しんだ跡が、やつれた顔にくっきりと刻まれている。左腕を負傷したようだ。かばおうとするせいで、不自然な動かし方になっている。イギリスの軍医が塗炭の苦しみをなめ、腕に怪我まで負うような熱帯地方とはいったいどこか？　アフガニスタン以外にはない」

（鈴木幸夫訳『シャーロック・ホームズの冒険』角川文庫）

ホームズが持つ、このような目で世間を見てみれば、ビジネスのタネはいくらでも転がっていることがわかる。もちろんビジネスに限らない。「しっかり見る」、つまり「見抜く力」は、恋愛でも家庭生活でも、なんにでも使える能力である。

近年は演劇の現場でも、若い俳優に「相手の黒目をしっかり見て」という駄目出しをすることが増えてきた。彼らは、小さい頃からLINE《ライン》でコミュニケーションをしているために、相手の表情を読むどころか、目を見てしっかり話す習慣さえ身についていない（最近はコロナ禍《か》でマスクをつけていることもあり、相手の目を見る頻度は上がっているが……）。

しかし、自分の言葉をきちんと相手に伝えようと思えば、一瞬だけでも相手の黒目に焦点を合わせるものだ。年配の方には、相手の目をまっすぐに見ることは失礼だという躾《しつけ》を受けている人もいるが、昨今はそうした人も減っている。

演劇に限らず、コミュニケーションといえば、「発信」が大事だと思っている人が多いだろう。発信力のある人をマスコミもよく取り上げるものだ。

しかし私は、「発信」の何倍も「受信」が大切だと考えている。私たちは言葉を使って発信する。その力は、主に親から受信して身に付けた能力である。笑顔の魅力的な人がいる。その笑顔も元は、お乳を吸いながら、母親の顔から学んだものである。この例だけ見ても、受信力のある人が発信力を身に付けていることがわかるだろう。

受信力は発信力の源である。そして、「受信と発信のキャッチボール」こそがコミュニケーションである。もちろん、発信力を軽視していいとは言わない。しかし、コミュニケーションの大本である受信力の鈍《にぶ》い人が、すぐれた発信者になれるはずもない。

シャーロック・ホームズが人を見る目は、受信力というより、「見た目」で「中身」を「見抜く力」と名付けたい能力である。

では、このような「見抜く力」はどうしたら手に入るのだろうか。

端的に言えば、受信↓発信を何度も繰り返す中で鍛えられるのだと思う。五感を使ってさまざまな情報を受け取り、自分なりに発信してみる。間違っていてもかまわない。

そのトライ&エラーを繰り返すことで、総合的に「見抜く力」は養われていくのではないか。一朝一夕で身に付く力ではない。近道はないように思う。

とは言え、受信↓発信の際の秘訣はいくつもある。それを誰もが使えるかたちで示したつもりだ。

優秀な人のことを「目の付け所が違う」と言ったりする。読者には、少なくとも自分の仕事や生き方に大切なことについて「しっかり見」、「目の付け所の違う」人になってもらいたくて、本書を世に送る。

竹内一郎

見抜く力　結果を出す人はどこを見ているか　目次

1章 結果を出す人は何を見ているか、どこを見ているか

2章

心がまえ、思考、動作…結果を出し続ける人の共通点

3章 自分と他人を客観的に見るための心理法則

4章

見抜く力は五感で「受信」してこそ育まれる

5章　受信したものを、いかにオリジナルな「発信」につなげるか

装幀＊こやまたかこ

1章

結果を出す人は何を見ているか、どこを見ているか

物干し台の洗濯物には宝の山が眠っていた

私は川崎市の住宅街に住んでいる。私がたまに使うタクシーの運転手・Hは、年収千数百万の高収入者である。金持ちなのだから、悠々自適な生活でもすればよさそうなものだが、タクシーの運転手が天職だという。やっていて楽しいそうだ。

Hは、羽田空港にタクシーで行く乗客をたくさん抱えている。私の家の近くは住宅地で一戸建ても多い。Hは、物干し台に干してある洗濯物を見ているうちに、単身赴任者の家がわかるようになったという。物干し台を見るために特別なことをしているのではない。タクシーを流しているうちに、「あれっ」と気づいたのである。

割に大きな一戸建ての家に、平日だけ男物の洗濯物が一人分だけ干してある。土日に洗濯物が干してあることはない。ということは、男の一人暮らしで、週末は人が住んでいない家だということになる。

会社に入ってくる「タクシー、1台お願いします」の電話は、無線で各タクシーに飛ぶ。Hは会社経由のタクシー無線で、そういう家に客を迎えに行くことがあった。行き先はどれも羽田空港だった。私の家の付近から羽田までは、約1万5000円の距離である。タクシー用語で「ロングの客」という。上客の意味である。

羽田までの道中、客に話を聞いてみると、客は地方に本社のある優良企業の重役で、東京支社に単身赴任で来ていることがわかる。東京の支社長のような立場の人である。

優良企業の重役だから、単身赴任用の宿舎も一戸建てで、羽田への往復も会社の経費でタクシーが使える。それで、平日だけ男物一人分の洗濯物が干してある一戸建ての理由がわかった。平日はヘルパーさんが家事をやっているのである。

Hはタクシーを流しながら、そういう洗濯物の干してある家がいくつもあることを経験的に知っていた。会社にもよるが、そんな重役は、基本的に日曜の夜から月曜の夜にかけて上京する。そして、木曜の夜から土曜の朝にかけて羽田に向かう。週のうち1日は、地元の会社の会議に出るため、金曜か月曜のどちらかは東京の家が不在になる。

そういう人たちは、秘書が飛行機の切符を予約するので、毎週同じ時間に出発する同じ便で東京—地元を往復する。Hは会社に入ってくる無線をチェックしながら、どの家の住人が、何曜日の何時にタクシー会社に電話を入れるのかを覚えていった。Hは会社に電話が入る時間に、ロングの客の家のそばにいればよい。自動的に、会社はHを迎車に向かわせる。

片道1時間の行程である。客と話しているうちに、羽田には翌週・何曜日の何時の飛行機で上京するのかがわかってくる。

タクシーは本来、羽田では「タクシーの付け場」で待機しなくてはならない。客とHは違法かもしれないが、「送り客」のタクシーの付け場付近で待ち合わせをする。客のほうは自宅がわかっている運転手が迎えに来てくれれば、自宅を説明する手間が要らないし、何より気安い。Hはロングの客が拾える。

Hはそうやって、ロングの客を増やしていった。流しだと嫌な思いをする客も拾わなければならないが、もうそんな必要はない。飲んでへべれけになっている客も相手にしない。かくして、タクシーの運転手はHの〝天職〟になっていったのである。

私は普段、高速バスで羽田に行くが、背に腹は代えられない時にタクシーに乗る。それでHと知り合った。彼は事業に失敗して大きな借金をつくり、タクシーの運転手になったという。前の仕事はHに合っていなかったのだろう。何をやっても成功する素質はないのである。

彼と話しながら、生まれ持った素質と仕事が合っているということは、こういうことなのだなあ、と思う。

Hの素質は観察眼、つまり「見抜く力」である。物干しにある洗濯物の違和感に「あれっ」と気づき、洗濯物と優良企業の重役を結び付ける目を、Hは持っていたということになる。

ビジネスチャンスのヒントは「見た目」の情報にあったわけだ。そして、その情報はすべての人に平等に開かれている。

経費節約の隙間に、ビジネスチャンスあり

タクシーネタが続いて申し訳ないが、タクシー運転手は、稼ぐ人はサラリーマンより稼ぐし、稼げない人は収入も低い。そして毎月、成績上位者は変わらないという職種である。純粋に平等な条件で働いて、結果（収入）は雲泥《うんでい》の差である。

その差は何が決めているのか――。やはり観察眼なのである。この会社は毎週、このくらいの時間に会議が終わってロングの客が出る。この飲み屋は終電を気にしない客が飲む店で、深夜何時頃にロングの客が出る。最後は「勘」の勝負になってくる。

会社からの無線は、どの運転手にも平等に入る。後は、会社の外観から社風を推定し（時間に正確かどうかも含まれる）、飲み屋の外観や会社に入る無線から、客を帰す時間の目安を決めているか否かを割り出す。会議が終わる時間は日によって異なるし、飲み屋が店を閉める時間も客によってはまちまちになるから、けっこう難しい。

それは道を流していても同じである。どのビルから出てくる人が、タクシーに乗るのか。「見た目」から「中身」を見抜く力と言い換えてもいい。

私の自宅は、日本テレビの「生田スタジオ」（川崎市）とTBSの「緑山スタジオ」（横浜市）の間にある。当今は経費節約で、撮影も終バスの時間を超えることは少ない。役の小さな俳優や大勢のスタッフさんまでタクシー、というご時世ではなくなった。しかし、大物俳優で運転手付きの車を持っていない人はタクシーで帰宅する。ほとんどの人は山手線の近くに住んでいるので、1万5000円クラスのロングの客となる。

腕のよいタクシー運転手は、ロングをどれだけとるかが勝負の分かれ目となる。

撮影が終わる時間は、プロデューサー次第である。というより、プロデューサーの性格によると言ったほうが正確か。慎重なタイプか、イケイケどんどんなタイプなのか。

撮影終了後、俳優はメイクを落とし、着替えをしてからタクシーに乗る。タクシーの運転手は、プロデューサーの性格に合わせて、待機時間を調整する。

脇役の人やスタッフさんはバスで帰るから、考えなくてよい。重要なのは大物俳優の退出時間だけである。基本的に、プロデューサーが慎重な人なら、終バスの時間より30分早くなる。

加えて、近年はドラマが減り、バラエティやCMが増えてきた。後者の場合は2本撮り、ひどい時は3本撮りという時もある。経費節約のため、大物タレント（司会者、CMのメインであることが多い）を起用する場合は、一日で2回分、3回分を撮るのだ。ゲストは、収録の切れ目で自分の出番が終わるから、タクシーに乗って自宅に帰ることになる（大物タレントは運転手付きの自家用車で来るからあまりタクシーは使わない）。

これもタクシー会社に入る電話を自分なりに分析して、無駄なくロングの客を取っている人が高額所得者である。

大物タレントが来る日は、ローテーションでわかる。後は、収録の切れ目の時間を運転手同士で読み合うのである。最後は勘だというが、ロングをたくさん取る人は毎月変わらない。凄腕の人に「勘は外れることも、ありますよ」と聞いた。「ことも、ある」という言い方から、自信がうかがえる。「大体、当たる」のである。

凄腕はスタジオを往復するタクシーの流れで、収録の動きを推測する。答えは誰も教えてくれない。自分で成功法則を編み出しているのだ。

もちろん、人には教えない。本に書かれるのもこれが初めてだろう。本当にいい情報は本にもインターネットにも書かれないものだ。それを知るものが、誰にも語らずに自分だけで使っている。

初めての街で「いい店」を見つけられるか

私の親友・Kは、コストパフォーマンスのよい飲み屋を探す天才である。Kは演出家で30年来の付き合いだ。Kと友人たちとで、芝居がはねた後、劇場近くで一杯やろうということになる。そして、初めて行った場所でも、Kが見つけた店は、コスパがよくて雰囲気がいい。決して外さない。それが30年も続いているのである。

Kは私の一つ年上で、もちろん「ぐるなび」などは見ない。若い俳優は、Kが全く知らない街で、いい飲み屋を見つけるのが、不思議で仕方がないようだ。

芝居がはねた後に飲む時は、お金の持ち合わせのある人もいれば、ない人もいる。だから、客単価3000円弱の店が丁度いい。

駅前の大通りには、チェーン店が並んでいる。「鳥貴族」「金の蔵」「磯丸水産」などに入れば、値段は手頃である。しかし、学生や若者の宴会とぶつかると、うるさくて会話どころではない。

また、チェーン店なので味はそれなりではあるが、それ以上でもない。初めて行った街なら、多くの人は無難にチェーン店を選ぶことが多いだろう。

ぐるなびなどの検索サイトを利用する人もいる。だが、ぐるなびの〝推薦店〟もやはり、それなりなのである。予想以上ということはまずない。それが、誰もがタッチできる情報の宿命だ。

Kは、駅前大通りから暗い脇道にすっと入っていく。そして右に、左に折れて、細い道にある、地元のリピーターが来るような、居酒屋やイタ飯屋を探し出す。そこに入ると、うるさい若者はいないし、ほどほどの込み具合だし、料理も抜群というほどではないが、うまいものが出る。30年前は、私もKの動きが不思議で仕方なかった。初めて行った街で、なぜ街路灯も少ない暗い路地を、くねくねと入っていくのか――。

家の近くに行きつけの飲み屋がある人ならわかるが、リピーターを相手にしている店は、道幅の狭い裏通りに面していることが多い。大通りからは見えにくいので、「一見《いちげん》さん」は相手にしないという商売である。

そういう場所に店をつくろうという店主は、家賃が安いという条件を第一にする。店主が名人級の板前なら、家賃の高い駅前にも店を出せるだろう。

しかし、腕が〝並〟だと、コスパと店の雰囲気が勝負の分れ目になる。アットホームでくつろげ、地元の人がリピーターになる店は、オーナーの手料理が出て、値段も手頃で、うるさい客も来ない。Kは、そんな店を探し出していたのである。そういう店は、ぐるなびにはあまり載っていない。

なぜ、Kはそんな店を探せるようになったのか。以下は、私の推測である。

Kは理系脳の持ち主である。駅前のビル群を見渡し、「鳥の目」となって、地図を脳の中で再現するのである。道幅の細い道には、大きなビルは建っていない。脳の中の地図に沿って、2～3階建ての建物が並んでいる、にぎやかでない場所へ向かう。もちろん、さびれている場所にある店が必ずいい店とは限らない。だが、常連が居ついている店は「見た目」でわかるものだ。センスはいいが嫌な商売っ気がない。

Kは建物群の「見た目」から、地図を再現し、地元のリピーターを相手に商《あきな》っている店を割り出しているのである。

かくして、駅前のチェーン店に入らないから、うるさい若者のバカ騒ぎに巻き込まれることはない。ぐるなびの情報を信じて「やっぱりこんな感じだったのね。なんだかなあ」という思いをすることもない。

コスパがよく雰囲気がいい店に行きつく情報は、誰にも平等に示されている。しかし、さらに建物群を見て、駅前地図を頭の中で再現しようとする意志・能力は誰にでもあるわけではない。これは自分で意識して育てなければ獲得できないのだ。

まずくなるラーメン店はひと目でわかる

東京では有名ラーメン店の行列は、おなじみの風景の一つである。昔はうまかったのかもしれないが、それほどうまくない店にも行列はできている。例えば、東京・池袋にある超有名店などは、近年「うまい」という人に出会ったことがない。

同店の店頭には、主人の写真はないが、多くの同系統の店の店頭には、店主が笑顔で写っている写真が飾ってある。そして、そのほとんどの店は、有名になった頃には味は落ちている。理由ははっきりしている。

まず、ラーメンを商《あきな》おうという人は、どんな人か。ラーメンが大好きで、本当にうまいラーメンをお客に届けることが喜びで店を開いたという人は、一握りである。というのも、ラーメン店は短い修業期間で手っ取り早く独立・開業できる業種だからだ。すし職人やフランス料理のシェフになろうと思えば、最低でも10年の修業が必要である。そこまで面倒なことはしたくない人がラーメンを選ぶ。

加えて、ラーメンをおいしく作ろうと思えば、出汁《だし》をとるのにいい材料を使わなくてはならないし、麺も製麺所に「高い粉を使って、指定の手順通りに、丁寧に練り上げてほしい」と注文を出さなくてはならないので、麺の仕入れ値も張る。商品の値段は競合店とそれほど変えられないので、利益率は当然下がる。

それでも、最初はお客が来ることが嬉しい。やがて、グルメ本に掲載され、テレビに取材されるようになる。お客はどんどん増える。その頃には、店頭に店主の写真が鎮座することになる。

やがて「大概の客には味はわからない」とばかりに、原価率を抑えて、だんだんまずくなる店が出てくる。「大概の客に味はわからない」というのが店主の本音である。舌の肥えている人はほんの一握りで、ほとんどの客は、なんとなく有名だからという理由で来ている。店主は「どうせ味はわからないのだから」と、どんどん手を抜いてしまう（実はわずかだが、味のわかる客も来ているのだが……）。これが、5年前は人気店だったが、今では閉店している店も少なくない理由だ。

まずくなるパターンにはもう一つある。のれん分けや支店をたくさん出しているうちに、〝ラーメン店の親父〟から実業家になっていくのである。

もちろん、その過程でテレビには何度も出ている。店主の顔は、店頭だけでなく、料理雑誌の広告などにも進出してくる。「おいしいものをお客に食べてもらいたい」より「利潤追求、コスト・カット」が大事な目標になってくる。

加えて〝社長〟の気持ちとは裏腹に、支店の店長は「安い給料で、人より頑張ることはない」という気持ちになり、材料にも調理にも手を抜き始める。味は必然的に落ちる。おいしいラーメンを作るのは、社長が見回りに来る日だけになってしまう。

うまいラーメンを、こつこつと作り続けているラーメン店は本当にわずかだ。そういう店主は、自分を売ろうという気持ちは少ない。だから、あまり店頭に自分の写真は置かないものだ。

マジックのタネを見破る人の共通点

マジシャンの友人から聞いた話だが、マジシャンは刑事が前にいるとマジックがやりにくいそうだ。マジシャンがカードゲームをやっているとする。客はカードがシャッフルされる卓上を見ている。卓上のカードの中にタネが入っているだろうと考えて、それを見抜こうとする。

だが、刑事は、マジシャンが左手を大きく動かして、客の目を左手に吸い寄せようとしている時、逆の右手の動きを見るそうだ。もちろん、客の目を左手に吸い寄せようとする時、マジシャンは右手でタネを仕込んでいる。その時、じっと右手を見られると、マジックはやりにくい。

刑事は「目」に特徴がある。具体的に「これが刑事の目」という形容は思いつかないが、真実に行きつこうとする目とでも言ったらよいのか。素直に相手の話を信じない目である。または、相手の話すことのうちに潜んでいる真実を追求しているうちに、身に付いた目といってもよい。

吉村昭《よしむらあきら》という小説家がいる。２００６年に亡くなっているから若い方には馴染みが薄いかもしれない。『三陸海岸大津波』（文春文庫）という聞き書きで、東日本大震災の時に思い出された作家である。

彼は明治時代に、東日本大震災クラスの大津波が同じ場所を襲ったことを、現場を見て回り、老人たちに綿密に取材して、聞き書きを残していた。東日本大震災が起こった時、「想定外だった」と口にした学者たちがいたが、吉村昭の著書がそれを覆《くつがえ》した。

吉村は自分の足で歩き、綿密な取材を繰り返して、ノンフィクションをたくさん物《もの》した。また、小説仕立てにしているものもある。いずれにしろ、歴史の裏面史と呼ぶべきもので、新聞で報道されない庶民の真実を描いた作家である。丁寧に取材をすることで知られ、飲み屋では刑事によく間違えられたという。飲み屋の店主から見ると、「刑事の目」という類型があるようだ。

マジシャンは、吉村の前でもマジックはやりにくいに違いない。目の前にいるマジシャンを見ているのだが、見ている場所が異なるのである。

私は「生き方は見た目に現れる」を持論にしているが、吉村昭は刑事のような脳の働きと人を見る目と行動力があり、その結果、刑事のような見た目になったのであろう。

優秀な販売員は、お客の「見た目情報」で戦略を立てる

非言語コミュニケーションの専門家となって15年以上経《た》つが、その間、多種多様な会社の営業社員や販売員の研修会に講師として呼ばれた。言葉だけでなく、言葉以外の情報を送受信することで、販売力を上げようというのが経営者の狙いである。

近年は、商品の概要はパンフレットかホームページの言語情報を見れば、ほとんどわかる。言葉で伝える情報だけで大事なことが伝わるなら、優秀な販売員、営業社員は要らない。販売員、営業社員の能力の有無を分けるもの、それは非言語情報に通じているかどうか、である。

いろいろな会社の社員研修で講師をやってきて思うことだが、「よく売る人」はまず面《つら》構《がま》えが違う。仕事ができることが自信を生み、その自信は、表情、仕草、声の押し出し、すべてに宿っているものだ。

もちろん、化粧品、洋品、保険・債券などの金融商品、自動車、不動産……すべての商品に通じる能力はないようにも思う。扱う商品によって、お客の心を捕まえる、声、仕草、

佇《たたず》まいは異なるものである。

例えば、化粧品をたくさん売る人は、耳元でささやくような声が品を感じさせる人である。「お似合いですよ」の一言で、客をうっとりさせる力がある。立ち居振る舞い、手の動きも優美である。お金持ち層に好かれる雰囲気を出していないと、高い化粧品は売れないものだ。客は化粧品の「機能」だけを買いたいのではない。「自分が美しくなれる」という夢を買いたいのである。そのために、高い化粧品を買う。

また、大衆向けの建売住宅をたくさん売るセールスマンは、押しが強い。彼らはお得意さんを相手に商売をしているわけではない。客に一度家を売れば、次に買うのは早くても30年後になる。いくら気に入られても、リピーターになる可能性は少ない。ビジネスは自ずと「一見さん」が相手となる。

押しと根気、何度も何度も客の家に足を運ぶ体力——。深夜だろうが、土日だろうが、客が会ってもよい、という時間に合わせるには、まず体力が必要だ。

そして、自分がどんなに疲れていても、相手が嫌な思いをしないような、配慮と根気がいる。声はあまり美しい必要はない。丁寧な言葉で、誠実に応対していればよい。スーツも高級品ではない。大衆向けの建売住宅を買う人が「この人、私の気持ち、金銭感覚がわかっている」と感じる雰囲気が求められる。

この手の営業マンにはイケメン・美人は多くない。庶民が「親近感を感じられる人」でなくてはならない。

私も、社員研修の「場数《ばかず》」を踏んでいるうちに「よく売る人」を見抜く目を養ってきたようだ。

そして、最も大事なことが最後になるが、「よく売る人」はお客を見る目、鑑定眼がよいのである。相手がどんな人柄で、どんな話し方を好み、どんな話題で打ち解けるか――。相手の「見た目」情報から、どんな人かを時間をかけて、じっくりと鑑定しているのである。

洋品店の販売員の場合は、その鑑定を数秒でやらなくてはならない。

この人は冷やかしか。冷やかしなら、放っておこう。あまり長くいられると他の客の迷惑だから、さりげなくお引き取り願おう。この人はどんな色、柄、価格帯のものを探しているのか。どんなタイミングで試着室に誘えばよいか。

客の好みをまず出すばかりが能ではない。好みでなさそうなものを先に見せ、相手がどんな拒否反応を示すかをチェックする。少しずつ外堀を埋めていき、最後に「本命」を見せた時には「勝負」は終わっているという売り方もある。

もちろん、同じ商品であっても、人それぞれ売り方は異なる。最初は先輩の見よう見まねで身に付けていくが、最後は自分流をどう拵《こしら》えるか、である。

とは言え「よく売る人」は、相手を見抜く目を持っている。観察眼と一般的な言葉を使ってもよいが、そんな甘い言葉で表現できるような能力では、物は売れない。死に物狂いで身に付けた「人を見抜く目」「モノを見抜く目」とでも名付けたい能力だ。

アメリカでは売れないが、日本で売れるモノとは

「ディスペンパック（現商品名「パキッテ」）」という商品がある。マスタードとケチャップが一つの容器に入っており、片手でそれを割ると、その両方が均等にホットドッグなどにかけられる商品で、日本人なら誰もが知っているだろう。

調味料を無駄に使わなくて済み、なおかつ手が汚れない、日本人好みの容器である。「ディスペンパックジャパン」という会社が一社で作っており、同社の決算を見ると相当の優良企業であることがわかる。

実は、その商品を開発したのはアメリカ人で、最初はアメリカの会社が作り自国で売り

出した。しかしアメリカでは不評だったようで、三菱商事などが日本における独占実施権を取得して「ディスペンパックジャパン」を立ち上げ、日本で売り出して成功した。

私も子供の頃から、屋台で売られているホットドッグを見てきた。客はケチャップとマスタードがかけ放題だから、「多いほうが得」とばかりに多くかけてしまう傾向があり、結果、地面にポタポタ落としてしまって無駄にする。

ディスペンパックに入っているケチャップとマスタードの量は適量だと、私も感じる。多すぎるという意見も、少なすぎるという意見も聞いたことがない。ディスペンパックは使い捨てだが、食べ物を粗末にするよりはよい。

アメリカで考案した人は、この商品に意義とビジネスチャンスを見いだしたはずだ。だが、アメリカ人にはきめ細かすぎるアイデアだったようだ。

アメリカでは売れなかったが、日本ではうまくいくと考えた人は、日本のコンビニ文化、それに適正感覚を好む国民性から、商品の市場性が見えていたのではなかろうか。また、コンビニは床にケチャップやマスタードをポタポタ落とされると困るので、うまくいったのだと思う。

同様のアイデア商品に、納豆のたれをゼリー状にしたものがある。ゼリー状にすれば、テーブルに零《こぼ》すこともないし、手にたれが付くこともない。だが、ゼリー状のものは現在のところ多数派になっていないように見える。きめ細かいサービスだが、そこまで細かくなくてもよいというのが消費者の心理ではないか（もちろん、今度はどう展開するかわからないが……）。

現時点でこの話から導き出せるのは、アイデアが消費者のほうを向いていれば、それでよいというものでもないことだ。

納豆は、コンビニで多くの人に買われるような商品ではない。実際、コンビニの納豆売り場の面積は狭い。納豆はスーパー向きの商品ということになろう。たれは液状でもゼリー状でも量産すればコストはそれほど違うとは思えないので、ゼリー状がそれほど浸透しないのは「適正サービス」でよく、ゼリー状化は消費者にはそこまでニーズのないサービスだったということだろう。

アメリカを含め、外国には、応用次第で日本で売れるアイデアがまだたくさんあるように思う。外国で見て「これは面白い」と思えるアイデアを、日本流にアレンジする力があれば、ビジネスチャンスはもっと拡大するはずだ。

ヒット商品を「見抜いた」検査機メーカー

コンビニ店の経営者が苦慮する仕事の一つに、クレーマー対策がある。弁当にキュウリの漬物が入っていなかったと客に言われれば、反論のしようがない。客が引き下がらなければ、同じものをもう一つ持って帰ってもらう他ない。また、おにぎりやサンドイッチに異物が入っていたというクレームも対処のしようがない。客に「こんなものが入っていた」と異物を見せられれば、反論する根拠がない。

店側に困った要求をする客は、膨大にいたはずである。

そんな悪質なクレーマー退治に一役買ったのが、「アンリツ」という検査機メーカーの「X線検査機」である。検査品の内部をX線で透視し、異物や形状不良、数量不足などを瞬時に見分ける検査機である。

見分けると同時に、X線写真の形ですべてのデータが保存できる。食品だけでなく、生活雑貨やチューブ入りの製品、プラスチック製品などさまざまな商品に対応できる。そのため、コンビニ店だけでなく、さまざまな業界で垂涎《すいぜん》の検査機となった。

どんなクレームが来てもX線写真という証拠があるから、きちんと対処ができる。そのため、ニーズは国内だけでなく、世界中に広がる。もちろん、コンビニ店が小売業の王座に座る日本では、とりわけ求められる製品だろう。

「アンリツ」は創立125年を超える伝統ある通信機器、計測器のメーカーである。私は同社に社員教育の講習をした後、玄関近くに陳列された商品群を見て、「X戦検査機」に驚いた。

推察するに、同社が「X戦検査機」を思いついたきっかけは、コンビニ店の隆盛だったのではないか。この製品があれば世界中の製造業社、流通業社が欲しがるだろうということは素人目《しろうとめ》にもわかる。何よりX線を使うアイデアに目を瞠《みは》った。線量も少なく安全なのだそうだ。

同社の場合、優れた技術者集団を抱えているので、その商機を見つけて製品化もできた。しかし、125年も歴史のある会社でコンビニに商機を見出し、さらに汎用性《はんよう》があるものを創り出すことは、非常な困難を伴ったのではないか。思いつくは易《やす》く、行うは難《かた》しの製品である。

だが、同社はあきらめなかった。コンビニ店やスーパーマーケットで、その手のクレームをつける人を見かけるが、流通業の人をくたくたに疲れさせるクレーマーはいつの時代も、どんな場所にもいるものだ。人が困ることがあれば、そこには商機が潜んでいる。

2章

心がまえ、思考、動作…
結果を出し続ける人の共通点

先入観を持たない

野地秩嘉《のじつねよし》著『サービスの天才たち』（新潮新書）に老人施設を立て直したシェフの話が載っている。彼が任された施設を最初に見学した時のこと。夕食風景の印象はこうだった。

「静かなんです。レストランはきれいでした。明るい雰囲気の内装で、掃除もしっかりとされていました。ところがそこにいた人たちは黙々と箸を動かすだけなんです。しーんとしていて、会話が全然聞こえてこない。私も料理に箸をつけてみました。ご飯と味噌汁は温かい。けれどもおかずは温かくはなかった。台の上に並んでいるおかずを自分で取るんです。まずくはないんです。一般の社員食堂の味と大差はない。ただ、食べているうちに私もわかりました。温かくないおかずを食べていると元気がなくなる。それで静かなんです。食事は温かくないと駄目なんだな、レストランというのは食べてる人がしゃべっていないと駄目なんだなと思いました」

そのシェフは、ホテルに勤務していた人で、老人施設で料理を作ることは本意ではなかったようだ。だが、引き受けたのだから、その職場でベストを尽くさなくてはならない。

彼は、老人たちが食事を食べる時の態度を観察し、自分でも味わって、何が問題で、どう解決するのかを考えた。その結果、入所者の満足度も上がっていった。

そんな中、思いも寄らない事実が出てきたのである。

シェフたちは、朝食には和食とお粥《かゆ》がたくさん出るだろうと予想した。しかし、統計を取ってみると、50％強の人がパンを選ぶのである。お粥は、せいぜい10％しか出ない。

著者は「私は老人といえば頑固な人と思い込んでいた。ひとつのことに固執し、周囲の意見に耳を貸さず、昔ながらのやり方に価値を見いだす人が老人だと決めてかかっていた」（前掲書）という。老人をそんなイメージで見ている人は多いだろう。

その施設にいる老人たちを、著者は次のように分析する。「未練や感傷にひたっていては長生きはできないし、頑固で偏屈な人は社会から孤立して情報が入ってこなくなる。長生きするには状況に合わせて自分を変えていく適応力が必要なのではないか」（前掲書）。

長生きの秘訣は、知力でも体力でもなく、「変化に順応する心構えだ」という。

施設がパンを出すから、パンを食べるのではない。ご飯もお粥も出る。「朝食はこれ」と決めるのではなく、新鮮な気持ちで、その日に食べたいものを食べているのだろう。

老人を先入観で見てしまうと、朝食にはお粥やご飯を出してしまいそうだ。

〝小さな違和感〟に気づく

随分昔だが、マルチ商法の詐欺《さぎ》の現場を取材したことがある。週刊誌の記者をやっていた時代である。

私は、客になりすまして会場に入ったので、「何が変なのか」に気づく立場にあったとは言える。だが、そうでなくとも、平《たい》らかな心で会場全体を見渡せば〝小さな違和感〟が膨大にあることがわかったと思う。

学校の教室程度の会場には、満員（50人程度）の参加者が座っていた。だがまず、その商品がねずみ講のような形で売れるとは思えないほど、商品力がなかった。だから、50人も集まっていることがそもそも変なのである。普通に商売をやったことのある人なら、そんなに人が集まるはずがないと感じるだろう。もちろん、45人程度はサクラである。

会長と呼ばれる人が、商品やシステムの説明をする。いいスーツを着て、立て板に水の喋《しゃべ》りである。だが、成功者の生の声を聞いてもらいます、と言って彼が出したCDラジカセが、すごく古いタイプだったのである。最先端の商品を売る人が、そんなに古い形のラジカセを使うはずがない。恐らく、リサイクルショップで買ったものだろう。そこでケチるようなビジネスではないでしょう、と突っ込みを入れたくなる。

そのつもりでパンフレットを見ると、一見しゃれたデザイナーを使っているようだが、ちょっとダサい。一流のデザイン会社に頼めば、微妙な「偽物臭さ」が出ないものである。

また、会場にいるのはほとんどサクラだから、会長が「この商品がいかにすごいか」を説明したタイミングで、ほーっと感動した感じでため息をつく。中には、そこまで深く感動するところかな、とこちらが微妙に感じる人もいる。まさに、オーバーアクト（演技過剰）である。

私は演出家だから、違和感を特に持つ。だが、初めてその場にいて、その商品にも詳しくなければ、「そんなに感動をする人もいるのかな」と自分を納得させることもできる。

やがて、狭い会場に人が寿司詰めになっているから、酸欠になってくる。ボーッとしてきて判断力が鈍《にぶ》ってくる。主催者はそれが狙いだが、「空気が悪くなってきたから、窓を開けて換気をしましょう」と誰も言わないことがおかしい、と気づけるだろうか。

私は、そこらあたりで退散した。後は、一人一人説得していくのだろうと思ったからである。その場で詐欺に引っかかった人もいるのだろうな、アドバイスもしなくて申し訳ないことをしたと、思わないでもない。しかし、あんな商売の邪魔をしたら、現場でどんな目に遭うかわからないものだ。静かに退散するのが正解だったろう。

書き始めるとキリがないが、小さな違和感のたくさんある会場ではあった。

だが、こうしたことは珍しくない。例えばベンチャー企業を取材して「儲かっているという割に、このロゴマークはチープすぎないか」「待合室のソファーがこれほど高級品である必要があるだろうか」などと思うこともある。そうした違和感は、真実を見抜くためのメッセージであることが多いのだ。

いい時と悪い時の両方で人を見る

ＩＴ業界に入る人で「（マイクロソフトを作った）ビル・ゲイツのようになりたい」と言う人は多くはない。彼は、技術革新をやりとげた開拓者とは言い難《がた》いからだ。彼の才能は、新技術を上手に商売に変換するところにあった。一言で言うなら、商人なのである。

天才的な閃《ひらめ》きという点では、「パソコンの父」と呼ばれたアラン・ケイ、アップルのスティーブ・ジョブズには及ぶべくもない。後者二人は、ビジネスマンとしての成功は大きくなくても格好いい。

そしてIT業界で、新製品の記者発表といえば、スティーブ・ジョブズの独擅場《どくせんじょう》である。彼は、いつも三宅一生デザインのタートルネック、リーバイスのジーンズ、ニューバランスのスニーカーで記者会見を行った。そのたたずまいには、IT業界の寵児《ちょうじ》と言ってもいい格好よさがあった。

さて、数年前、日本のIT企業として成功した社長・Mが、新サービスの記者会見を開いた。この時、彼はスーツにネクタイ姿ではなく、セーター、ジーンズ姿だった。

Mは新技術の開拓者ではない。だが、自分のアイデアに酔ったのであろう。新サービスの記者会見で、見事にスティーブ・ジョブズの真似をしたのである。それも格好だけ。同社の社員は、社長の恥ずかしい姿をまともに見ていられなかったのではなかろうか。

そして、その後、そのサービスが受け入れられないとわかると、それをやめるという記者会見は、自分は出ていかずに部下にやらせた。恥の上塗りである。いくら大企業の社長で、成功者の一人であっても、尊敬する人は少ないだろう。

人の値打ちは、いい時と悪い時の両方を見て判断するとよい。この場合の人の値打ちは、社会的に栄達したか否かは大きな問題ではない。

「本当に信用できる人」の見極め方

私が小さな劇団を立ち上げたのは、26歳の時である。その頃は「劇団ワンダーランド」と名乗っていた。現在は「(一社)演劇集団ワンダーランド」である。公益性を考えて社名は変わったが、演劇をやっているという意味では変わらない。

有名な集団ではないが、38年続いている。その間、ギャラの未払いや遅配があれば、小さな演劇界ではすぐに情報が回ってしまう。あるいは、私がキャスティングにエコひいきをやったとか、経費をちょろまかしたなど、よからぬ素行があれば、悪い噂には羽が生えているから、それもすぐに知れ渡ってしまう。

集団を大きくしていないのだから、立派なことは言えないが、小さな演劇界で38年間信頼を裏切らずに続けていることに意味がある。10年ぐらいは有名であっても、悪い噂が立って消えていった人は数知れない。人気商売だから、浮き沈みは激しい。

私は30年以上、人の信頼を裏切っていない人は、ある程度信頼できると考えている。逆に言うと、10年ぐらいよくても、いつか信頼を失《な》くしそうな人とは安心して付き合えない

（もちろん、若い頃にたくさん辛酸《しんさん》を舐《な》めて、近年こんな境地になってきたのであるが）。

演劇と並行して、出版界の片隅にも身を置いている。1冊目の本を出して30年以上が経《た》つ。１００冊以上の本を書き、1冊のミリオンセラーに加えて、ある程度売れた本が何冊かあるので、執筆依頼が途切れたことはない。締め切りは遅れ気味だから編集者には扱いにくい部分もある。だが、注文が来た順に原稿を書くので約束はまじめに守っている。

版元が有名か無名かは問わない。狭い出版界でトラブルを起こせば、これも同業者に知れ渡ってしまう。また、出版社はお互いに著者の本の売れ行きをチェックし合っているから、本を出し過ぎて売れなくなった著者には執筆を依頼しなくなる。

演劇界同様に出版界も狭い世界だし、人気商売なので浮き沈みは激しい。人気が10年続いても、まだ本物だとは思われない。やはり、30年続いている人は、いろいろな出版社の信頼を裏切っていないのである。

こういうことを評価する人が日本には少ない。刹那《せつな》的に売れる人を持ち上げて、10年経ったら「あの人は今」と小さなネタにするような風潮がある。

だが人を見る目を養うのに、30年ぶれていない人を観察することには意義がある。有名であるか否かは大きな問題ではない。大金持ちであるかも大事な要素ではない。

私は自分の人生で、三人の尊敬する先生がいる。一人は大学時代の恩師（ジェンダー論の草分け）、一人は取材で出会った医師（現代の「赤ひげ」のような人物）、もう一人は大学の同僚で仏教学科の先生だった人（僧侶でもある）。その三人に近づきたいと思って生きている。尊敬できる人がいて、その人に近づこうと日々を生きることが、自分に誠実に生きることになるように思う。

一瞬で懐《ふところ》に入ってくる人は要注意

これは40年ほど演劇界と出版界という、浮き沈みの激しい世界にいる私の実感である。演劇界では、俳優をはじめ、照明家、舞台美術家などのスタッフは、プロデューサーに気に入られないと仕事にありつけない。競争が激しいから、よほどの才能に恵まれていないと仕事にあぶれてしまう。

浮き沈みの激しい世界で仕事を取るには、相手が気に入る言葉をサッと発し、有力者が喜ぶ贈り物がサッと出てくる人が得することも多い。私が本書で述べている、相手の見た目から「何を求めているか」を瞬間的に見抜く目を持っている人が、短期的には勝つ。

だが、長いスパンで考えた時、その部分が秀でている人が有能だったり、誠実だったりすることは少ないように思えるのである。

人の能力は有限である。俳優の場合、その部分が上手《うま》い人は、いつまで経っても演技力が上がらないという欠点があったりする。能力を人間関係で使い切っているのだ。俳優なのだから、詰まるところ演技力が大事なのだが……。スタッフもしかりである。

だから、出会ってすぐに懐《ふところ》に入ってくるのが上手い人は、要注意である。出会って10年、20年と付き合いが続く人は、最初から懐に入ることの上手い人ではないように思う。

出版界も同様で、刹那刹那で「売れる書き手」を求めている。出会ってすぐに、上手に近づいてくる人ほど、長い目で見ると、業界から消えていく人が多い。10年、20年と付き合っても、付き合いが途切れないほうが、結果的にはよい関係ということになりそうだ。

人生は短距離走ではない、マラソンだ

目先の戦いは大事だ。後のことは考えず、一瞬一瞬に全力を傾けなくては勝負に勝てない。そのうち上のリーグへ入っていき、実力者とも渡り合うようになる。うまくいかずに

怪我《けが》をすることもあるだろう。

私が若い諸君に伝えておきたいのは、うまくいかなかったときでも、再起不能になるほどの大怪我をしてはならないということだ。怪我というのは物理的な意味だけではない。社会的な立場がなくなるような事態も指している。

2021年に開催された東京オリンピックの開会式で、作曲を担当するはずだったクリエーターが、開会の直前に辞任した。また同じ開会式のディレクターが、開会式前日に解任された。二人とも才能のある人たちで、言うなれば、リーグ戦を一段ずつ上がって、射止めた地位である。

彼らが辞任や解任に追い込まれた理由は「若気の至り」だった。自分の人生がもっと長く続くとわかっていれば、若い時にも「やってはならないことだ」とわかっていたはずだ。頭のよい人たちだから、それがわからないはずはない。

ただ、自分の人生のプログラムの中に、「80歳から100歳くらいまでは生きるかもしれない」ということが入っていなかった。若い頃はそんなことは考えないものだが、しかし人は死なない限り生き続ける。それも現実だ。

もちろん人は明日死ぬかもしれない。突然、地震などの災害が襲ってこないとも限らない。明日のことは誰にもわからない。だから少し無謀なことでもやってみよう、という気持ちになることもある。若い頃は、そういう考えになることのほうがむしろ多いかもしれない。

しかし冷静に考えてみよう。人は明日死ぬかもしれないが、100歳まで生き続けるかもしれないのである。両睨《にら》みで生きるのが、冷静な態度と言えそうだ。

麻雀の神様・阿佐田哲也《あさだてつや》こと色川武大《いろかわたけひろ》は、人生をマラソンに例える。

「マラソンを見てごらん。あれは、他の選手を追い抜いて一着になる競走じゃないよ。（中略）自分より前を走っていた人たちが落伍《らくご》していって、自分の着順が上がっていくんだ。問題は、自分のペースで完走できるかどうか、だ」（『うらおもて人生録』新潮文庫）

日々の生活に追われていると、日々はスプリントレースの連続に見える。しかし、俯瞰《ふかん》して見るならば、人の一生はマラソンでもある。

若い頃から調子がよくて、人生の階段を順調に上がってきたように見える人もいる。しかし中年になって、大怪我をするような人の生き方はお手本にはならない。60代くらいまで自分のペースを守り、大崩れしない人が、強いメンタルと体力の持ち主であることがわかるだろう。

かなり大きな仕事をした人が、晩年につまらないスキャンダルでワイドショーに取り上げられたりしていると、切なくなるものである。

人生をマラソンに見立て、自分のペースを守り続けるという姿勢で他人を「見抜く力」も大切だ。

自分のフォームを自分のペースで守る

プロ野球の選手などを見ていると、フォームが大事であることがわかる。

しばらくヒットが出なくても、バッティングフォームが崩れていなければ、やがてヒットが出るだろうと楽観的に構えることができる。

ところが目先のヒットを求めるあまり、フォームを崩してしまうと、その後が大変だ。一度崩したフォームは、なかなか戻らないこともある。

フォームがしっかりしていれば、ヒットが出る・出ないは好不調の範囲である。しかしフォームが崩れて故障でもすれば、選手としては大損になる。

野球選手でなくても、人はフォームを持つものだ。なんとなく子供の頃から調べものが好きだという人。絵を描くのが好きだという人。人のお世話が苦にならないという人。コミュニケーションが得意だという人。

こうした長所があれば、そのあたりに狙いをつけて職探しをすれば、フォームを作ることも難しくないだろう。調べものが好きなら研究者や図書館司書。絵を描くのが好きなら、画家やアニメーターやデザイナー。人のお世話が苦にならないなら、看護師や介護関係。コミュニケーションが得意なら営業職もよいだろう。

長所がないと思える人は、自分の短所からフォームを考えてもいい。人間関係が苦手なら、人となるべくコミュニケーションしないですむ仕事。仕事を丁寧にやることが好きで時間がかかる人は、大きい会社の総務に入れば、そういうポジションもある。人間関係がどうしても駄目で、会社勤めが無理だという人には「ポツンと一軒家」という生き方もある。一人暮らしが好きならば、結婚しない人生もあるし、子供が嫌いなら無理に子供をつくらなくてもよい。

これなら長い間続けられる、というものがフォームになる。

どんなに給料が高かろうと、世間体《てい》のいい会社であろうと、見合いをした相手が自分にはもったいないほどいい人であろうと、自分が続かないと思えば、やめたほうがいい。親のコネで名門企業に入り、「仕事のできない人」のレッテルを貼られて30年生きる人もいるが、見ていて切なくなる。

自分のフォームを自分のペースで守ると、生き方に無理がなくなってくる。また若い頃に、功を焦って、後でしっぺ返しを食うようなことも減ってくる。

経験を積み、信用を積み重ねていけば、仕事の幅は広くなってくるものだ。それも偏《かたよ》らない心で社会を観察していると、なんとなくわかってくるものだ。それも「見抜く力」と言ってよい。

大きくゆっくりと動く

前述の『サービスの天才たち』では、床屋、キャディ、タクシーの運転手、指圧師……の中でも一流と呼ばれる人の仕事ぶりを取材している。それによると、サービスの達人の動きには、一定の傾向があるという。

「達人たちの仕事の特徴とはすべて、『大きくゆっくりと動くこと』なのだ。靴磨きの達人はせかせかと布を動かさない。ゆっくりとなでるように革靴を磨いていく。天ぷらの達人は煮えた油のなかに天タネを落としたら、箸でつついたりしない。天ぷらが揚がるまで、ただ見つめているだけだ。日本一のロールスロイスのセールスマンもやたらと電話をかけるわけでもないし、靴のかかとがすり減るまで町を歩くわけではない。ひとりひとりの客のニーズを聞き出すことに時間をかける。日本一のゲイも、彼女の場合は、どう大きくゆっくり動くのかなかなか説明することはできないが、それにしても、サービスの達人たちは、神経質な動きを客に伝えることはしないのであり、それが客をリラックスさせるということに結びつく」

相手を満足させる人は、相手を緊張させない。客はリラックスしたまま商品を選び、財布の中の金を払い、満足した気持ちで帰りたいのである。

ならば、「大きくゆっくりした動き」は、サービスや物を売る人にとって、大事な資質だと言える。すし職人でも、いい店の板前が刺身を作る時は、包丁が大きくゆっくり動くものだ。

しかし、回転ずしの板前の包丁は、手早くせかせかと動く。もちろん、後者にも売り上げの多い人がいて、成功者ではある。生き方の違いともいえるが、高級店の板前のほうが年収は多いだろうことは察せられる。

せかせか動き、その結果「音」がうるさい人は、他人にストレスを与えることもある（「貧乏ゆすり」なども含む）。相手に無駄な緊張を与えない仕事の仕方をする人は、それだけ考えて働いているとも言えるだろう。

「買う」時の決め手を考える

アメリカでは、今でも「タッパーウェアパーティ」が行われているようだ。これはホームパーティ商法（業者が消費者宅でホームパーティを開いて、それに参加した人に対してなんらかの契約をさせようとすること）の一つで、私が子供の頃は日本でも盛んに行われていた。タッパーウェア社のプラスチック容器であるタッパーウェアのデモンストレーションは、多くの友人、隣人、親戚などを招いて開かれ、招待された人々は、主催者への好意からタッパーウェアを購入する。

１９９０年に実施された調査によって、次のことが明らかになっている。

「『主催者の好感度』と『製品の印象』を比べると、購買決定への影響力は前者が後者の二倍にも上る。すなわち、参加者は自分のためだけでなく、主催者に喜んでもらうためにタッパーウェアを購入しているのである」（ハーバード・ビジネス・レビュー編『コミュニケーションの教科書』ダイヤモンド社）。

タッパーウェアに似た商品は、商店に行けばたくさんある。品質が少し落ちてもいいなら、半額以下の値段で買えるものもある。タッパーウェア社の商品は、良質だが一般に割高である。しかし「場」によっては、わずかな値段の違いより「人に好かれるほうが大切」な時もある。「友」はお金に換えられない価値を持つからだ。こういう理由で、好感度の高い人は「タッパーウェアパーティ」の成功者となる。

一方で、私たちは物を買う時、1円でも安い店で買いたい時もある。私たちがスーパーマーケットで買う時の態度がまさにそうだ。豆腐や納豆、もやしなど、どこで買っても同じような商品は、「1円」が勝負の分かれ目となる。

では、車はどうか。同じ車種が、日本中どこに行っても同じ値段で買える。企業のように大量に買うならば、値段を負けてくれることもあるだろう。しかし、自家用車を1台買う客に値引きすることはない（一応、値引きやサービスをするが、そのお客だけ特別ということは少ない）。

こういう場合は、誰から買うかが重要である。自動車のディーラー店に行って、たまたま話した人から買えば、その人が自分の担当者となる。担当者は長い付き合いになるので人柄の良い人に限る。こちらの性格を察して、アフター・サービスをしてくれる人がありがたい。したがって車のディーラー店に行った時には、いろいろな人と話してみて、販売者を見定める必要がある。

私は、商品は販売店から買うのではなくて、販売員から買うのだと思うようにしている。読みは当たることもあれば、外れることもある。結果的にだが、人を見る目を養うトレーニングにもなっているようだ。

自分に枷《かせ》をはめない。「好き」を基準にする

不確定な要素があれば、私は「絶対」という言葉を基本的に使わない。「絶対」と言ってしまった瞬間に、もう一人の私が絶対などあるものかと、私に言う。

書店に行くと、タイトルに「絶対」の文字が入っている本もある。「絶対うまくいく」「絶対失敗しない」などの後に○○する方法、などが続くことが多い。出版社も、「絶対に」うまくいくとは考えていない。タイトルに力強い言葉が欲しいなあと思って付けているだ

けである。もちろん、そのタイトルを付けたために、引く人がいることも心得ている。将棋の羽生善治《はぶよしはる》永世名人は言う。

「『絶対』をもつことは、執着につながる。執着すると苦しい。『好き』だという以外に余計な感情が入るから」（『直感力』ＰＨＰ文庫）

適度に肩の力を抜くためには、「絶対」という言葉が重荷になる。将棋は相手のあることだから、局面に応じて〝自在〟でなければならない。「絶対」があると自分に枷《かせ》をはめることになる。

一方で、「好き」は、何かを始めるための出発点には大事な要素である。もちろん将棋界のレジェンドである羽生には、今さら「好き」という気持ちを再確認する必要はないだろう。好きで好きで仕方がないことを仕事にしたのだから。

私も大学の授業などで、「努力が苦にならない」ようになるためにも、「好き」なことをやったほうがよいと教える。「給料が高い」「世間体がよい」ことを仕事選びの基準にしてしまうと、自分が努力したくないこと（好きじゃないこと、苦手なこと）を無理やり努力させられることになりかねない。努力したくないことは、例えば私なら、能力の３分の１以下の成果しか出せないだろう。

芸術系の大学では「なりたい自分」の姿がはっきりしている場合が多いから、高校時代まではあまり芳《かんば》しい成績でない学生が、勢いよく伸びることがある。自分の「好き」なことなら、一日に3時間しか寝なくても、頑張れるのである（そんなことは数日間だが）。

大学でアンケートをとると、「好き」なことがないという学生がわずかだがいる。「それをやっても楽しい」ということがない、と。

そんな学生には、いろいろなアルバイトをやってみるといい、とアドバイスする。嫌な店長や仕事と出会って、散々な思いをすることもあるだろうが、実際にやってみると「面白いな」と思えることにも出会える。その周辺で、自分の「得意分野」を探していき、やがて就職先に選ぶのも悪い方法ではないと思う。冒頭で紹介したが、タクシードライバーを「天職」と言う人もいるのだ。

再び羽生の言葉を引こう。

「適度に力を抜きリラックスして自然体になる。執着による負のサイクルは起こりやすいものなので、意図的に修正を続けていく必要があると感じている。そして、一番いいのは、夢中になって追ううちに『結果的にそうなった』ということだ。集中しようと思って集中しているのではなく、気がつけば、集中していた、結果的に打ち込んでいた――という状

態にもっていけるのが理想だと思う」（前掲書）

私も似たような考え方をするので、羽生の言葉を借りた。私ばかりでなく、彼の言葉に共鳴する人は多いと思う。

長い人生の中には、自分の短所とばかり向き合わされる時期がある。厄年《やくどし》という言葉もあり、そういう時はやることなすことが、すべて裏目裏目に出てしまう。しかし、その最悪の経験も後々効いてくることがある。自分が不調の時は無駄なあがきをしてはならない、と肝に銘じることもできる。

観察する対象は他人ばかりではない。

時には、自分をできるだけ客観視する時間も必要なのだ。

情報をどれだけ捨てられるか

現代は情報を手に入れることは簡単だ。例えばインターネット。人名事典にわざわざ当たらなくても、ウィキペディアを見れば調べたい人物のおおよそのことはわかる。世界中の学術論文も検索して読むことができる。

また、欲しい本も簡単に手に入れることができる。20年前なら神田や早稲田の古本屋を回っても手に入らなかった稀覯本《きこうぼん》が、値段は高いけれどAmazonで簡単に手に入ることもある。

大事なことは、今、目の前にある仕事にとって有用な情報であるかどうかを吟味する力だ。不要な情報を見切って、さっさと捨てていかないと前に進めない。

羽生善治は、情報を捨てることの大切さについて、次のように述べている。

「将棋は、ひとつの場面で約八〇通りの可能性があるといわれている。私の場合、その中から最初に直感によって、二つないし三つの可能性に絞り込んでいく。残りの七七とか七八という可能性については、捨てる。たくさん選択肢があるにもかかわらず、九割以上、大部分の選択肢はもう考えていない。見た瞬間に捨てているということになる」（『直感力』）

羽生は、9割以上の可能性を捨てる時には、「直感」が働いているという。

「直感は、目を瞑《つむ》ってあてずっぽうにくじを引くような性格のものではない。またその瞬間に突如として湧いて出るようなものとも違う。今まで習得してきたこと、学んできたこと、知識、類似したケースなどを総合したプロセスなのではないか」（前掲書）

経験の積み重ねと言ってもいいし、痛い目にあって身体に染み付いてきたことと言ってもいいだろう。一つのことを精神の限界まで追い詰めて長く続けていないと出てこない感覚である。将棋のタイトル戦では、一流の棋士が大盤解説をするが、基本的に「二つないし三つの可能性」について、解説するものだ。

「自分自身の考えによる判断、決断といったものを試すことを繰り返しながら、経験を重ねていく。そうすることで、自分の志向性や好みが明確になってくる。『好み』というと単なる好き嫌いに聞こえるかもしれないが、それはとりもなおさず自分自身の価値観をもつことではないだろうか。つまり、直感を磨くということは、日々の生活のうちにさまざまのことを経験しながら、多様な価値観をもち、幅広い選択を現実的に可能にすることではないかと考えている」（前掲書）

「好み」が狭い範囲から選ばれると、偏《かたよ》りにしかならなくなる。多くのジャンルの人と付き合い、その意見を平らかな心で聞き、世の中にはいろいろな価値観があるのだと実感する。その生活の繰り返しの中で「幅広い選択」が生まれてくるのではなかろうか。ここまでくれば「自分の直感に頼る」「あるいは自分の直感を信じる」という姿勢になってくる。

以上のような感覚になれる時は、これは捨ててもよいと確信が持てる。

将棋のタイトルホルダーは文化人である。羽生は20代の頃からタイトルホルダーでなかったことはほとんどない。ありていに言えば、日々の生活は忙しい。非常識な人と会うこともしばしばのはずである。

私も将棋界の内部事情に通じているわけではないが、羽生の悪い噂《うわさ》は聞いたことがない。どんな人とでもバランスよく、付き合っているのだろう。そこからも自分の将棋を広げ、盤上の手の取捨選択に結び付けているように感じられる。

つまり「情報を捨てる」には、多様な価値観を持つこと、そして幅広い選択肢があることが前提条件になってくるのだ。多くの人の声に耳を傾ける必要があるが、そのためには人が寄ってくる人格も求められる。人が寄ってこない人は、どうしても情報が偏りがちだからだ。

世渡りは「信ずべし、信ずべからず」

大学で「コミュニケーション学」を教えている先生には、意外とコミュニケーションが下手な人が少なくない。

それにははっきりした理由がある。人は自分が学びたい学問を選ぶ時に、二つの理由が考えられるからである。人とのコミュニケーションが子供の頃から上手くて、人より秀でているからコミュニケーションを専門にしようと思うタイプがいる。こちらは学者になっても、コミュニケーションが上手い。

一方、私はなぜコミュニケーションが上手くいかないのか、と考え「よし、コミュニケーションを勉強しよう」と志すタイプがいる。書物をたくさん読んで、コミュニケーションに関する知識は増える。論文をたくさん書いて、大学の教壇に立つまではなんとかなる。だが、肝心の実践が伴わない。大学でコミュニケーション学を専攻する学生は首をひねる。「あの先生は、コミュニケーションが全然できていないのに、なぜ人にコミュニケーション学を教えているのか」と。

書物を見て、社会を見ていない人も学者にはなれる。そういう人は「見た目」でわかる。発声、表情、アイ・コンタクト、仕草、どれをとってもずれている。木を見て森を見ないのだから、教員仲間の中でも浮いた存在になる。

こういう場合もあるから、学者だからといって軽々に信用してはいけない。世渡りは「信ずべし、信ずべからず」のスタンスが大事である。

同様に、心理カウンセラーも一概に信用してはならない。大学で心理学を専攻しようというタイプにも二通りあるからだ。

前者は、人の気持ちが子供の頃からよくわかる。人間の心って面白いな、フロイトやユングの直観力はすごいな、と心理学を専攻する。こういうタイプは、そもそも非言語情報から、中身を見抜く力がある。人の気持ちがわかっているから、コミュニケーションも上手い。

だが、「なぜ私は他人と上手くいかないのだろう。人の心がわかっていないからではないか」と心理学に入ってくる人は、「見た目」情報から、相手を察する能力が低いのである。人よりコミュニケーション力が劣っているので、このタイプが書物からの知識だけで国家試験（ペーパーテスト）に合格すると、困ったカウンセラーになる。

こうした事情があるから、カウンセラーに言われたことを鵜呑《うの》みにしてはいけない。いろいろなカウンセラーがいると考えたほうがいい。

というわけで、私はできるだけ、自分の得意なものを仕事にするのがよいように思う。不得手な、自分に合ってないものを努力で克服しようとしても、かえって苦労が増えてしまうことが多いからだ。

アドバイスを自分なりに噛み砕く

永世名人など五つの永世称号を持つ昭和を代表する棋士《きし》に、大山康晴《やすはる》がいる。その大山が子供の頃、大阪には坂田三吉《さんきち》という天才がいた。字は読めないし、変わり者の部分もあったが、大山は「将棋では譲らないが、他のことでは素直に人の言葉に耳を傾けていた」と評している。

その坂田が、大山に「勉強も大事だが健康に注意しなさい」と注意した。

「少しでも体がおかしい思うたら、早く治すこと。元気になったら、なんぼでも無理ができます。体だけは気をつけなはれや」（大山康晴著『勝負のこころ』ＰＨＰ文庫）

「坂田さんは、一週間のうち一日だけは、好きな物を腹いっぱい食べる。あとの六日間は、腹八分にするのが体に一番いい養生法だというのである」（前掲書）

大人が子供にするアドバイスとしては、特別なことではないように感じられる。しかし大山は違う受け止め方をしている。

「坂田さんの考え方が、ほんとうに理解できたのは、長じて一本立ちしてからであった。

スランプに陥ったとき、まず食事の内容を変えてみることは効果のあることである。坂田さんの注意を思い出して、私はいろんな形で応用してピンチをくぐり抜けてきた。あとになって思えば、坂田さんの言葉は、マンネリズムに陥ってはいけないということを教えるものであった。不調のときは、身辺のことに少しでも変化をつけると、思いがけない気分転換ができる。坂田さんは、それをいおうとしたのだと思っている」（前掲書）

もちろん坂田三吉の一言は、大山が受け止めるように深いものだったのかもしれない。しかし多くの人は軽視してしまうのではなかろうか。

というのも、大山が連続して名人位を取るような時代には、坂田三吉はすでに「過去の人」だった。だから、坂田から同じ言葉を聞いても「過去の人のお説教」と聞き流した人も多いと思われる。

私が驚嘆するのは、坂田の言葉が、大山のピンチを何度も救うほどの「座右の銘」になっていることである。ちょっとしたアドバイスを、大山は自分の頭で消化し、自分のものにしていたのだ。

最後は人柄の戦いである

中原誠が名人を続けている時代のこと。大山康晴は中原の長所を次のように挙げている。「作戦を立てるとき、大きくわけて二つの考え方がある。一つは、自分の得意に導いて戦うか、いま一つは、相手の得意をはずして戦うか。右の二つのほかに、中原さんは、もう一つ、ちがった作戦の立て方をする。相手の作戦のなかに飛びこんで行って、苦労を求めている」（『勝負のこころ』）

進んで苦労を求めるところに中原の人柄の良さが表れているが、コンピューターで将棋の勉強をする現代では、大山康晴のこの言葉は、あまり胸に響かないかもしれない。

だが、藤井聡太《そうた》四冠（2021年12月時点）もプロ四段になった直後から、先輩方に勉強会に誘われて強くなった。若手の有力者であっても性格が悪いと、先輩たちは勉強会に誘わない。藤井四冠が強くなった理由の中に、「人柄」は入っているといえる。

もちろん、将棋界は個性的な人物揃《ぞろ》いである。また勝負の世界だから、性格に難があったり、社会人としてのバランスを欠いた人がタイトルを獲ることはある。だがそれは、1

〜2期のことである。

大山康晴、中原誠、谷川浩司《こうじ》、羽生善治、渡辺明《あきら》など長期間タイトルを取り続けている棋士は、やはり人柄が良い。人間関係がきちんとしており、彼らの悪い噂を聞いたことがない。

プロ棋士は戦う以外に、教える仕事もある。弟子を取って育てるという仕事もある。性格が悪い師匠には弟子も寄りつかないだろう。加えて、人柄が悪い弟子は師匠も見放すことが多いのではなかろうか。

勝負師、スポーツ選手共に、時代の寵児になるのは20代の頃である。だが、人生というスケールで見れば、人生１００年時代といわれる昨今、30歳から数えても、残りの人生が70年もある。その後の人生もやはり大切な時間である。大山も「若い頃の苦労は買ってでもせよ」という言葉が身にしみると言っている。

人柄が良いと人が寄ってくるので、残りの人生を楽しく無駄なく生きることができる。

3章

自分と他人を客観的に見るための心理法則

人は、自分が利用しやすい情報を重視する

世の中の情報は、国家機密や企業秘密でない限り、すべての人に平等に開示されている。だが、純粋に客観的な情報はないこともまた事実である。また、どんなエビデンス（根拠）にも例外のないものはない。情報は取り扱い方次第で、有用にもなれば邪魔にもなる。

例えば、交通事故で亡くなる人と自殺で亡くなる人とでは、後者のほうが多い。ところが多くの人は、前者のほうが多いと考えている。というのも、新聞やテレビのニュースなどでは、交通事故のニュースはたびたび取り上げられるが、自殺のニュースが取り上げられることは少ない。私たちの意識には、交通事故のニュースのほうがたくさん引っ掛かることになる。結果的に、交通事故で亡くなる人が多いような気がしてしまう。

また、周囲に離婚した人が多いと、離婚率を高く見積もる傾向がある。日本では実際の離婚率は3組に1組程度といわれている。あなたの実感は、何組に1組程度であろうか。やはり友人知人の離婚率に、影響されているはずである。

英単語で、ｒで始まる単語と3番目がｒの単語とでは、どちらが多いかという問いがあ

るとする。普段英語をそれほど使わない私は、リサイクル（recycle）やリピート（repeat）、リコール（recall）など最初にrが来る単語が多いような気がする。だが実際には、コレクト（correct）、モーニング（morning）、パフォーマンス（performance）など3番目にrが来る単語のほうが多いようだ。

なぜこのような勘違いが起こるのか──。おそらく、自分が思いつきやすい情報をつなぎ合わせて、自分なりの結論を導き出しているからである。このような判断の方法を「利用可能性ヒューリスティック」と心理学では呼ぶが、これが、話が嚙《か》み合わなくなる原因となる。例えば、営業で実績を上げてきた人が「こうすればうまくいく」と言っても、その人の場合にのみ当てはまり、別の人には使えないこともあるからだ。

実際にデータがある場合は、この手の誤解は起こりにくい。しかし、雑談に近い局面では「そうだったかしら」「そんなはずないんだけどなあ」などと水掛け論になり、運が悪いと口論ということにもなりかねない。

本章では、このような誤解のタネについて心理学の視点から論じてみたい。見抜く力を持つ人の多くが心理学に通じているわけではないが、誤解に基づいて判断ミスをすることは少ないだろう。「見抜く人」になりたいと願うならば、頭に入れておきたい法則である。

フレーミング効果の影響は大きい

あなたが、がんや脳梗塞《のうこうそく》のような治りにくい病気をして、手術を受けなければならないとしよう。

Aという医師は診断の結果「成功率90％」と告げたとする。

Bという医師は同様に「失敗率10％」と告げたとする。

AもBも、論理的に考えるならば同じことを伝えている。

ところがA医師に手術を頼めば、成功するような気持ちになれる。おそらくあなたは、安心して手術台に乗ることだろう。

しかしB医師の言葉を聞いたならば、失敗する可能性である10％が脳の中をグルグルと回り、不安な気持ちで手術台に乗るに違いない。このあたり私たちが日常会話で話す時には、無配慮に数字を選んでいることが多い（実際は同じ意味なのだから）。

この現象は、フレームの違いによって人間の意思決定が影響を受けてしまう例である。心理学では「フレーミング効果」と呼ばれている。

実際にうまくいく可能性が大きいならば、大きい数字を相手に伝えたほうが、気持ちが動きやすい。優秀な営業マンなら実感でわかっていることである。

私は17年前に『人は見た目が9割』（新潮新書）という本を書いた。内容は非言語コミュニケーションの重要性を説いたものである。この本は今でも売れ続けており、本のタイトルに9割の言葉が並ぶものがおびただしく出版されてきた。おそらく何百（千？）種類もの「9割本」が日本で出版されたはずである。「9割本」が異常に出版されてきた理由も、このフレーミング効果で説明できる。

「10割」と言えば嘘になるし、「8割」ではちょっと足りない感じがする。私と担当編集者が知恵を絞って作った言葉だが、これほどの流行語になるとは思ってはいなかった。

人は後悔したくない動物である

2020年以来、コロナ禍《か》が世界中を席巻《せっけん》している。このウイルスの場合、ワクチン接種の是非の判断が大きく分かれた。だが、インフルエンザが流行した時には、ワクチン接種の是非はあまり大きな問題にはならなかったように記憶する。

問題を深くしてしまったのは、ＣＯＶＩＤ－19にかかって感染死する人の割合が国によって大きく違ったことだ。また、ワクチンができたばかりで、副反応で死ぬ可能性もあるのだが、死ぬ確率の数値が与えられていなかったために、ワクチンを接種することの損得がわからなかったことが大きい（もちろん、医学が発達したことや、変異株の脅威に関する意見の違いなど要因は多岐にわたっている）。

私たちは比べようもない二つを目の前に並べられて、どちらかを選びなさいと言われても困るばかりである。

インフルエンザの場合は、子供は1万人のうち10人が感染死することがわかっている。もちろんインフルエンザの場合も、ワクチンの副反応で死ぬ子供はいる。現状その数が少ないから、副反応の可能性を考えずに、ワクチンを接種させる傾向が強い。しかし、副反応で死ぬ子供が1万人のうち10人であるなら、インフルエンザのワクチンを子供に摂取させる親はいなくなるのではなかろうか。

こういう心理的特性は「省略バイアス」と呼ばれる。人間は自分が選択したことで後悔したくないのである。

新しいことにチャレンジすることが大切であるとはわかっているが、後悔した時のダメージが大きいので、安定を望むのが人の性《さが》である。現状を変えようとすれば、コストもかかるし、リスクも伴う。結果に大きな違いがないのなら、変化を求めないほうが得だ。この傾向を「現状維持バイアス」と呼ぶ。

一般に年齢の高い人は、携帯電話会社を変えない傾向がある。お中元やお歳暮に使うデパートも、同じ店を使う傾向がある。車も、普段乗っているメーカーからあまり変えようとはしないのではなかろうか。

私自身、取引するデパートを変えてよかったと思うこともあれば、自動車メーカーは変えないほうがよかったと反省することもある。結果は実際に行動してみなければわからないものだ。

生活をしたり仕事をしたりしていれば、面倒なことも多い。そのままで困っていないことなら、わざわざ現状を変える必要もない。

とは言え、果たして現状がいいのか、冷静に判断していないことも多い。省略バイアス、現状維持バイアスは、後悔を回避する心理から生まれる。私たちが判断する時には、そういう心性があることも知っておくとよい。

「昨日と同じでよい」と思っていると、ついつい、手を抜いてしまいがちなのも人の性である。

個人商店の中には清掃の手を抜いている店もある。店主は「現状維持」のつもりだが、店全体は日々劣化の道を辿《たど》っていることも珍しくない。

メニューは「おとり」に満ちている

あなたが忘年会や新年会の幹事をやるとする。居酒屋の飲み放題のコースは、Aコースは5品付きで4500円である。Bコースは7品にデザート付きで5500円である。選択肢が二つの場合は、迷いは少ない。安くあげたい場合はAコース、リッチにいこうという時はBコースになる。

しかし、このコースのほかに、デザートなしで7品5500円のCコースがあれば、あなたはどう判断するだろうか。Bコースと品数が同じでデザートが付かないものが、同じ5500円なのである。Cという選択肢が生まれたおかげで、Bコースの価値が上がった気がしてくる。ということは、Cという選択肢が生まれたおかげで、なんとなくBを選んでしまう人が増えるのではなかろうか。

Cを選ぶ人はいないが、それが存在する理由は十分にある。CコースはBコースを選ばせる「おとり」の役割を果たす。店側は、4500円のコースを選ばれるより、5500円のコースを選んでくれたほうが客単価は上がり、得になる。

また私たちの多くは、評価が中間のものを選ぶ傾向があることも知られている。和食の定食に「松・竹・梅」の3種類がある時、値段は「松」が最も高く、「竹」が真ん中、「梅」は最も安い。もちろん料理の質もそれに応じている。多くの人は、懐《ふところ》具合にもよるが、中間の「竹」を選ぶことが多いのではなかろうか。この傾向を「妥協効果」と呼ぶ。人は無難な物を選びたがるのだ。

しかし、メニューに「松」と「梅」の2種類しかなければ、多くの客は（その店が当たりか外れかわからない場合は）、安い「梅」を選ぶのではあるまいか。なぜなら、外れた時のダメージを減らしたいから。だが店側にすれば、「梅」を選ばれると客単価が下がってしまう。「竹」という選択肢があることで、客は「梅」を選びにくくなるのだ。

洋服屋には「捨て色」という考え方がある。店が、同じ柄のTシャツを、赤、青、黄、白、黒の5色並べるとする。Tシャツの色もよい、柄もよいとする。Tシャツ自体の色と柄の色の相性もよい。

つまりは、5色ともハイセンスな商品なのだが、客はセンスのよいものが五つ並んでいると、選択に困るものだ。どっちもどっち、という感覚である。店員は客の応対にも時間がかかってしまう。

そんな時、店側は、1色だけ「捨て色」を作る。この色のTシャツに、この色の柄はないでしょう、と言いたくなるようなセンスの悪い組み合わせをあえて作るのである。

一体どういうセンスの人がこの組み合わせを考えたのか。それを、センスが売り物の洋服屋が並べるとはどういうことなのか——。客は理解に苦しむ。

しかし店側には、きちんと狙いがあるのだ。5色のうち、1色だけセンスの悪いものがあれば、残りの4色がよく見える。4色から選んだ客は、得した気になれる（同じ値段で駄目な商品もあるのだから）。4色をよく見せるために、1色を捨てるのである。

随分古い手法であるが、今でも使われている。よほど効果があるのだろう。

売れ残った捨て色の1色は、それが春物なら、春が終わる頃に店頭のワゴンに積まれて安い値段で売られることになる。

先のことは楽観的に考えやすい

人は多くの場合、自分の将来について、悲観的に考えない傾向にある。

日本に少子化時代が来ると予測されたのは、30年以上も前のことである。大学に入る若者が減るのだから、大学は改革して変わらなければならないと言われ続けてきた。

そして今、予測どおりに日本国中に定員割れの大学はたくさんあり、倒産する学校も出てきた。少子化に向けて改革を続けてきた大学もあるが、ほとんどの大学は十年一日の如《ごと》しであった。

この例などは「楽観主義バイアス」と呼ばれる典型である。

大手電機メーカーも、白物《しろもの》家電は韓国や台湾が追いつけ追い越せで迫ってきているので、変わらなければならないと随分言われてきた。銀行や自動車メーカーも事情は同じ。変わらなければいけないという意識はあったが、切迫感をもって変えようとした会社は少なかったように思う。

大学の先生たちに経営感覚が乏《とぼ》しいのと同様に、大企業の社員たちにもどこかに安心感があった。楽観主義バイアスである。この心性はなかなか変えることができないが、人にはこういう特性があるということを知っていれば、心の持ちようが少しは変わってくる。

実際、現在の危機的状況を見据《す》えて改革を主張していた人は、むしろ疎《うと》んじられていたように思う。というのも、将来、どんな要因が加わってくるか誰にも予想がつかないからだ。慌てて動いて、すべて無駄に終わったということもありうる。

将来のことは不確定要素が多いので、単純に楽観主義バイアスだけで片付けられない部分もある。だが、大規模災害の起こる可能性についてはどうだろうか。

関東大震災から約100年が経《た》った。首都圏から東海地方にかけては、いつ「南海トラフ地震」が襲ってもおかしくないと言われている。東日本大震災以上の被害が出ることを、地震の専門家は異口同音に指摘している。犠牲者の数もシミュレーションされており、ニュースでも報じられている。

だが、国や自治体はその備えをしているだろうか。また、私たち住人も「関東大震災クラスの地震」が来るという覚悟を持って備えをしている人はごくわずかだろう。これなども楽観主義バイアスである。だが、「南海トラフ地震」に関しては、「将来のことは誰にもわからない」では済まされないはずである。

他者の評価は歪《ゆが》むもの

私たちは人を評価する時、ステレオタイプ化することがある。

出身地や性別、職業、血液型、星座などで、その人の性格をあるタイプに落とし込む。人によっては、ステレオタイプで他人を分類分けすることで、人付き合いをシンプルにわかりやすくしている。

「大阪人は『なんぼなんぼ』とお金の話を聞きたがる」「男は肩書で相手を決め付けたがる」「学校の先生は世間が狭い」「彼は血液型がA型だからせっかちだ」「彼女は天秤座だからバランス感覚がいい」などなど——。

それも一つのやり方だとは思うが、あまりに決め付けが激しい人だと、付き合いにくい相手となる。

居酒屋で冗談半分に話す程度なら大きな問題はない。しかし実際には、大阪人にもあまりお金の話をしない人もいるし、学校の先生にも世間の広い人はいる。ステレオタイプで人を決め付ければ、歪《ゆが》みからは逃れられないと心得よう。

また人を評価する時には、「ハロー効果」と呼ばれるものがある。スポーツ選手として一流であったり、芸術家として優れた人を見た時、人は彼（彼女）を、無意識に人格的にも優れた人だと思う傾向がある。一つ優秀なことがあると、それ以外も優秀ではないかと推測してしまうのである。

実際には、一流のスポーツ選手や芸術家として優れた人も、犯罪を起こしたりすることがある。運動能力や創作力と人柄の間には、必ずしも相関関係があるわけではない。しかし、なんとなく人格が優れていそうだと感じるのは、ハロー効果ゆえである。

もちろん活動期間が長くて、いろんなジャンルの人と付き合いながらも、評判が落ちない人は人柄も素晴らしい可能性が高い。しかしそれも、運動能力や創作力とは異なるものである。特別な能力はなくても、長い間の人付き合いで、他人からの評価の高い人は人柄も良いものである。

他者を評価する時、判断が歪むという観点から、もう一つ気をつけておきたいことがある。ある人に関して、複数の情報に触れたとする。好ましい情報と好ましくない情報の二つがあるとしよう。その時、私たちは、好ましくない情報のほうを過大に評価する傾向があるのだ。

好ましい情報より、好ましくない情報のほうが影響が大きいことを、「ネガティビティバイアス」と呼ぶ。好感度の高い芸人も、スキャンダルを起こしてワイドショーのタネにされると、なんとなくスキャンダルのほうが記憶に残ってしまう。

これなども、私たちがバイアスに影響されている典型的な例である。

「する」と「見る」とは大違い

子供が数名、川のそばで「ちょっと危険だな」と思われる遊びをしているとする。通りかかったおばあちゃんが子供たちを叱《しか》る。叱った時の口調が厳しかったとしよう。それを見た人は、確かにちょっと危険な遊びではあるが、あそこまで厳しく叱らなくても、と思う。そのおばあちゃんを初めて見た人は、性格のきつい人だと判断するだろう。

だが、そのおばあちゃんは、かつて自分の孫を水難事故で亡くしていたのかもしれない。もしそうなら、おばあちゃんが、通りがかりで見かけただけの子供を、強い言葉で叱った理由がわかる。おばあちゃんに対する評価は、「性格のきつい人」から「子供の命を大切に思う人」に変わるかもしれない。

しかし、子供を激しく叱るおばあちゃんの一局面だけを見た人は、恐らく「性格のきつい人」という評価になるだろう。厳しい言葉で叱る人を見たとき、私たちはその人を、内面そのものが厳しい人だと思いがちである。「対応バイアス」と呼ばれる心性である。だが、人にはいろいろな側面が存在する。一局面だけではなく、その人のいろいろな局面を見て、できるだけ客観的に評価したいものである。

一方で、自分が行為を行った場合は、原因を自分の内面にではなく、周囲の状況に求めてしまう習性がある。結果が悪かった場合は、特にその傾向が強い。

大学入試で志望校に不合格だったとしよう。こういう場合、「今年の問題は例年より難しかった」「ヤマが外れた」など、原因を自分以外のものに求めたりしないだろうか。問題が例年より難しくても、ヤマが外れても、合格する人はいる。冷静に考えるなら不合格の原因は実力不足だ。ところが、人は自分に原因があるとは思いたくないのである。

あなたが親で、子供がテストで悪い点を取ってきたとしよう。あなたは、おそらく「勉強が足りなかったんじゃないか」と言うのではないだろうか。そして「次はもうちょっと勉強しよう」と励ましたりする。多くの場合、「今回のテストは、問題が難しかったからたまたまできなかったんだよな」や「ヤマが外れちゃったのか。それじゃ仕方がないよな」

という慰めの言葉は発しにくい。

自分が行為をする立場である時と、観察する立場である時は、原因をどこに求めるかが違ってくる。

これは「行為者―観察者バイアス」と呼ばれるものである。

行為者であっても、自分の行為によって成功した時は、原因を自分の内側に求める傾向がある。成功した時は自分の手柄になる。しかし、失敗した時には状況のせいにしたくなる。自分勝手なものだが、人の習性だから仕方がない。人は元来そういうものだと知っていれば、そんな人が周囲にいても、いちいち揚げ足を取るほどのこともないだろう。

失敗の原因を考える時には、「(自分が)する」と「(他人の結果を)見る」とは大違いであることを肝に銘じたい。

なぜ緊急時に即、行動を起こせないのか

小説や映画などの物語世界に、パニック物と呼ばれるジャンルがある。『タワーリング・インフェルノ』や『タイタニック』『ダイ・ハード』では、突然大きな災難が人間を襲う。

当然、人々は慌てふためく。多くの場合は登場人物が互いに助け合って、友情が芽生えるシーンが入る。だが、パニック物である以上、物語では多くの人が死んでしまう。

一方、現実世界では、人はあまりパニックに陥らないことがわかっている。パニックが起こる可能性がないわけではないが、実際にそうなる可能性は非常に低い。

心理学者の邑本俊亮《むらもととしあき》によると、次の四つの心理が働くからだとしている。

❶「これくらいは普通だ」の心理

私たちは少々変わったことが起きても、それを異常だと思わない傾向がある。学校で働いていると、何年かに一度は火災報知器が鳴ることがある。理由は、火災報知機の故障であることもあれば、学生がそうとは知らずに、報知機が反応する物を持ってきていたということもある。火災報知器が鳴ったとしても、多くの人は「またか」という気持ちになるだろう。学校で火災報知機が鳴ったために逃げ惑う人を、私は見たことがない。

このように「普段の生活の範囲内でのことだ」と判断し、避難が遅れてしまうケースがしばしばある。これは「正常性バイアス」と呼ばれる。

❷「自分だけは大丈夫」の心理

私たちは災害が襲いかかってくる恐れがある時にも、自分が被災するとは思わない傾向がある。すでに述べたが「楽観主義バイアス」である。最近では、心理学の世界では「正常性バイアス」と呼ぶことが多くなってきた。広い意味では「正常性」でよいと思うが、「楽観主義」という言葉のほうが、心理状態をより正確に表現していると思う。

❸「前回大丈夫だったから」の心理

一旦自分が大丈夫だと思うと、私たちは、自分の考えを強化してくれる証拠を探そうとする。そして、自分の考えとは異なる結論になる証拠を軽視しがちになる。「確証バイアス」と呼ばれるものである。

警報のカラ振りが続くと、警報に対する信頼性が落ちて、警報は当てにならないと考えてしまう。新型コロナウイルスの「緊急事態宣言」がまさにそれである。ごく稀《まれ》に起こるから「緊急」なのである。緊急事態宣言がのべつ発出されれば、国民の警戒心が麻痺《まひ》するのは無理からぬことだ。この傾向は「オオカミ少年効果」と呼ばれている。

❹「みんなと一緒に」の心理

私たちはどうすればいいかわからない時、周囲の人に合わせた行動をして安心を求めようとする。「集団同調性バイアス」と呼ばれるものである。だが実際には、みんなと同じ行動をしたために悲劇が生まれることもある。

以上の四つの心理は、東日本大震災の体験談を集めた『3・11慟哭の記録―71人が体感した大津波・原発・巨大地震』（金菱清編・新曜社）で裏付けることができる。この指摘は邑本によるものである。

「ちょうど一年前、津波警報が出されお店を一時閉め避難したが、津波は来なかった。その事から、海が近いとはいえここまでは来ないだろうという油断が私の中にあった」（前掲書）

「父親の代から住んでいるが、今まで、自分の家まで津波が押し寄せてくることがなかったので、3メートル程度の津波なら防波堤で十分防げると思い、妻と一緒に地震で位置がずれた家具等を元の位置に戻していた」（前掲書）

「家に戻ると、妻が一生懸命後片付けをしているんです。帰ってくるときは『さあ、逃げるぞ』というつもりだったのですが、片付けている妻を見て、『あれ、津波は大丈夫なのかな？』と、津波の心配は横に置いて手伝いはじめたんですよね」（前掲書）

私たちが避難するためには、「日常」が「非日常」に変わるためのスイッチが必要になる。

以下は、実際に避難した人の肉声である。

「線路から見える渋滞の車が水に浸かり始めているのを見た時は本当に驚いて、同時に恐怖も感じた」（前掲書）

「隣の会社（フクダ電子）から何か叫ぶ声が聞こえた。逃げろ！　逃げろ！『津波が来た』『津波だ』と……。後ろを振り向くとチョロチョロと津波の第一波が押し寄せてきた。ワァ～!!　本当だ！」（前掲書）

普段と何か違うぞと思わない限り、私たちは特別な行動をとることがないようだ。変化の中に「非日常」を読み取る力も、多くの人には備わっていないように思う。残念ながら、私は多くの人には、備わっていなくて当然だと考えている。というのも、学習体験が少ないから、身に付いていないのである。

やはり地震予知学や災害予防学は重要で、国の研究機関が責任を持つ必要がある。緊急事態宣言の発出は、政府が責任を持ってこれをやり、ＮＨＫ（準国営放送局）が国民に周知させる必要がある。

国土交通省が運営する「ハザードマップ」は、研究者の協力によって作られており、例えば大雨が降った際に、洪水が起こる可能性のある場所などがかなり正確に作られている。

とは言え、雨は広範囲に降るし、「ハザードマップ」が指定する危険な地域も広すぎて、大雨が降るたびに「うちは危ないかも」と避難の準備に取り掛かる人は少ないかもしれない。実際、ほとんどの場合が「無駄足」になる。無駄足が繰り返されれば、人の意識は麻痺してしまいやすい。

ＮＨＫのニュースでも、「ハザードマップなどを利用して早めの対応を」などと一応は注意喚起するが、無駄足が９割ぐらいになりそうなことを、本気でやる人がどれだけいるだろう。「ハザードマップ」をもう少しピンポイントで作ってほしいと思うのは、私だけだろうか。

あなたが思うほど、他人はあなたを見ていない

私たちは普段、他人の外見的情報から内面を推察している。

ビジネスマンのネクタイがしっかり締まっていないと「余裕がなかったのかな。今日は少し焦っているかもしれない」と思う。

女性が打ち合わせの場に、入念にメイクをして現れると「今日は本気メイクをしている

な。気合が入っているのかもしれない」と推測したりする。

自分の意識がピンポイントでその人に向いていると、外見からその人の内面を推し量ることは珍しくない。

しかし、私が学校で一教室100人の学生を教えているとしよう。梅雨《つゆ》が明けて猛暑日になっている日に、ある学生は長袖のシャツを着ていたとする。

本人は、「先生は『見た目』の専門家だから私を変に感じているだろう」と思っていたりする。しかし私は100人の学生を均等に見ているのである。真冬に着るような服を着ていない限り、気がつかないものだ。

もちろんほとんどの学生が気づいていない。私たちは、自分の外見や行動を他者に注目されていると考えすぎる傾向がある。「スポットライト効果」と呼ばれるものである。

「ネットの炎上を気にして自殺」というニュースが流れたりする。私はネットのニュースに敏感ではないので、ニュースになるまで炎上したことに気づいていないことも多い。実際は、ネットニュースに敏感な人でさえ、自分にそれほど興味がないことであれば、俎《そ》上《じょう》に上っている人の内面まで推し量ってはいないものだ。

人には「スポットライト効果」があるということを知っていれば、本人が苦しむほどには、気にしなくてよいことも多い。本当にいけないことをした時は反省しなくてはならないが、「気にしない」で済ませられることは、「ケセラセラ」と3回唱えて忘れてしまおう。ちなみに、私はインドネシア語の「ティダ・アパ・アパ」と心の中で唱える。意味は「ケセラセラ」と同じである。

授業の発表で、緊張する学生もいる。私のゼミの学生だと、「緊張しすぎて失敗しました。次は気を付けます」などとメールを寄こすこともある。だが、私は学生の緊張には気づいていない場合が多い。だから「大丈夫。落ち着いて見えたよ」と返信する。

ほかにも、自分の内面が、他者に透けて見えているかのように錯覚する時がある。これは「透明性の錯覚」と呼ばれる。

多くの場合、自分に落ち度や準備不足がある時などにこの傾向は表れやすい。

非言語情報で嘘を見破るのは容易ではない

「他人の嘘を見破る方法」という類いの本はこれまでたくさん出版されてきた。著者の肩書は心理学者であることが多い。海外ドラマでも心理学者が非言語情報を使って、犯人の嘘を見破る筋立てのものがある。

「嘘をついている時は目をそらす」「嘘をついている時は笑顔が多くなる」「嘘をついている時は自分の身体に触れたくなる」――。これらのことは心理学者でなくても、多くの人がなんとなく雑学本などを通して知っていることで、嘘をつく時には、むしろやらないのではなかろうか。

もちろん真面目な心理学者も、嘘がなんとか見破れないかと、随分研究を重ねてきた。「言い間違いが増える」や「声のピッチが速くなる」には若干その傾向が表れるが、統計処理を施して有意差が現れるほどの違いはない。結論的には、嘘を見破る科学的エビデンスはないといってよい。

私たちが他人の嘘を見破るのは、複数の情報が矛盾した時である。例えば学生が、卒業論文のできた部分までを先生に見せる時がある。ある学生の卒業論文を読んでみると、「1章」の途中で終わっている。私が「君は先週、2章の最後まではできています、と言ったよね」と聞く。私からそういう突っ込みが入ると思っていなかった学生が、慌てて答える。

「2章のファイルを今日開いてみると、なぜかwordのファイルが壊れてしまって開かないのです」

こういう時に「言いよどみ」があると、私たちは「嘘だな」と見破る。言いよどみだけでは見破れないが、「その日に限ってwordのファイルが壊れる可能性」と付き合わせてみると、それが嘘である可能性が高いことがわかる。もちろん、間髪《かんはつ》を入れずに言い訳が出てきた時も怪しい。言い訳を〝鉄壁に〟準備してきたのだな、と感じるからだ。

余談だが、私は20歳の時から45年間原稿を書いて生きてきた。これまで何百回となく、締切の日に原稿が書けていない言い訳を編集者にしてきた。本当にファイルが壊れて開けなくなった時もあるが、それは稀《まれ》で、ほとんどは書けていないのである。

学生が、「ファイルが壊れた」と言い訳をする時、私は心の中で「私の文章しか入っていないファイルが壊れたのは、40年以上も前、5インチのフロッピーデスクを使っていた時のことだ」と独りごちながら、許してしまう傾向がある（最終提出日は、大学が公式に決めているので、私の責任ではなくなる）。

心理学的に嘘が見破りにくい理由は、人類が嘘をつくための〝研究・開発〟に膨大なエネルギーを割《さ》いてきたからだ、と私は考えている。人類が有史以来、切実な思いで〝研究・開発〟を行ってきた成果だから、歴史の浅い心理学という学問ではまだ太刀《たち》打《う》ちできないのであろう。

嘘発見器で嘘は見破れるか

日本の警察では1950年頃には、嘘発見器を犯罪捜査に導入する試みを始めている。そうして皮膚電気反射や呼吸、血圧などを同時に測定できる嘘発見器が開発されてきた。

今では、質問の作成から検査や実施、犯人か否かの識別までを、各県警にある科学捜査研究所の心理学専門のスタッフが行う。そのための研修を積んだ専門家が行うので、日本の心理学の専門家は、嘘発見機を課した後の結果は精度が高いと考えている。

しかし今のところ、実際の裁判では、嘘発見機の結果には証拠能力が高いとは考えられていない。とりわけ刑事訴訟法の専門家は、嘘発見器を認めない傾向があるようだ。いったいなぜか。

1971年の論文だが、奈良県警で行われた1166件の嘘発見器検査の報告がある。結果は以下の通りである。

●検査を受けた人が実際に犯人であったケース。検査結果が「犯人である」と出たのが92

%。「犯人でない」と出たのが8%である。

●検査を受けた人が犯人でなかったケース。検査結果が「犯人である」と出たのが0・4%。「犯人でない」と出たのが99・6%である。

多くの人は、前者の精度は高いとは考えないが、後者の精度は高いと考えるだろう。心理学者の疋田圭男は、犯人でないにもかかわらず「犯人である」と誤って識別されてしまう例が、きわめて少ないことに注目している。

しかし、日本では刑事訴訟の99・9%が有罪である。つまり刑事事件で検察が「犯人である」と考えた事件の、99・9%は実際に犯人だということになる。冤罪《えんざい》の可能性がないとは言えないが、今のところ検察が誤る確率は0・1%ということになる（現在の冤罪率）。心理学者は嘘発見器の精度が高いと考えるが、誤差が0・4%あれば、刑事訴訟法の専門家が、その結果を重く見ないのは無理からぬことである。

私自身は大学で心理学を専攻したこともあり、各県警にある、科学捜査研究所の心理学スタッフは、有能でなおかつ誠実に働いている人が多いと考えている。とは言え、司法の現場で、心理学が軽んじられる傾向があるのは仕方がない部分もある。

心理学者は嘘発見器の誤差は少ないと考える。一方で司法、とりわけ刑事事件の専門家は誤差が絶対にあってはならぬという立場である。０・１％と０・４％の間には大きな溝があるのだ。

一方で、嘘発見器が有用である例を紹介しよう。

会社で誰かの机の中の現金が盗まれたとする。犯人が外部の者である可能性は少なく、社員かアルバイトの誰かであるとする。同じ職場で働く者同士が、疑心暗鬼《ぎしんあんき》になる局面である。また犯人でないのに、自分が犯人かもしれないと思われることに耐えられない人もいる。

こういう場合は嘘発見器のおかげで、犯人ではない人を、早い段階で容疑者リストから外すことができる。０・４％しか間違えないのだから、従業員１００人以内の会社ならほぼ特定できるということになる。嘘発見器にはこういう利点もあり、それを見逃してはならない。

心理学は実験や調査により、「人間にはこういう傾向がある」ことを解き明かす学問である。逆に言うと、傾向以上のことは説明できない。特定の人間の、特定の行動だけで「ズバリ、この人は嘘をついている」と断定するわけにはいかないのだ。

駄目な人は駄目な人に付いていく

北朝鮮に生まれた人は、出世するためには金正恩《キムジヨンウン》委員長に気に入られなくてはならない。北朝鮮で金委員長の覚えめでたくて、出世したとしよう。しかし、後世の人から見て、素晴らしい仕事をした人といえるだろうか。有意義な人生だったといえるだろうか。

対岸のことははっきりと輪郭を持って見えるから、こんな例えをした。しかし、日本においても同様のことはたくさん起こっている。

中小企業や零細企業の社長は、多くの場合、経営感覚はないし、経営理念も薄い。起業した時には、それなりの志もあっただろうが、資金繰りという現実に翻弄されているうちに、理念も理想も雲散霧消《うんさんむしよう》していく。顔はどんどん煤《すす》けてくる。

そんな会社の問題は、社長だけではない。その会社に入って、自分の給料を上げたいと思えば、顔の煤けた社長に気に入られなくてはならない。社長の〝ポチ〟になるしかない。本人は自分のステイタスを上げるために、あるいは家族のために、やるべきことをやっている。社会全体から見れば、業界そのものの評判を落とすことをやっているのに……。

まともな人から見れば、なぜあんな社長に尻尾を振るのか、と不思議でならないはずだが、駄目な人は駄目な人に気に入られようとするものだ。

もちろん、水清ければ魚棲《す》まず、である。崇高な理念を実行できる人とだけ付き合って世の中を渡ることはできない。そのために日本語には「和して同ぜず」という、よい言葉がある。ほかの人と協調（協力）はするが、だからと言ってむやみに同調するわけではない、という意味である。

私の感覚だと、顔では愛想笑いをしているが、心の中では頷《うなず》いていないという状態である。相手の言うことには適度に頷くが、「俺のために一肌脱いでくれないか」と頼まれた時にはやんわり断ればよい。私たちは狭い島国に住んでおり、逃げ場がないのだから、そりの合わない相手にいちいち敵愾心《てきがいしん》をあらわにすることもない。

なお、出世のために、駄目な社長に「心を合わせている」人は、顔が社長に似てくる。心理学的には「ミラーリング（鏡効果）」と呼ばれる現象である。社長と似た表情を作れば、表情筋の動きは同じになる。似たしゃべり方をすれば、口輪筋《こうりんきん》や、あごの周辺の筋肉の使い方は同じになる。人に合わせているうちに、顔も似てくるのである。

自分は一体、誰に似たいか――。自分の人生を選択する時、重要な部分だが、残念ながら、現在の日本では軽んじられている。人を見た目で判断してはならない、という倫理観に囚《とら》われ過ぎて、思考停止になっているのである。

とは言え、人間50歳にもなれば生き方が見た目に現れてくる。アメリカ16代大統領のリンカーンは「人は40歳にもなれば自分の顔に責任を持たなければならない」と言ったが、現代の日本なら50歳ぐらいが目安になるだろうか。

自分の能力を正しく評価するのは、意外と難しい

ゲームやクイズなどで、クラスの中ではとりわけ優れている小学生がいたとする。友人たちに煽《あお》られてテレビ番組の対抗戦などに出ると、コテンパンにやられることが珍しくない。クラスの中では素晴らしくても、全国的に見れば凡庸《ぼんよう》ということは多い。

この性質を「ダニング＝クルーガー効果」という。誤った認識で自分を過大評価してしまうバイアスのことである。まだ仮説レベルだが、頷《うなず》く人は多いだろう。

この傾向はユーチューブなどを見ていてもよくわかる。相当レベルの低いものも多くアップされているが、おそらく本人やその友人らは素晴らしいと思っているに違いない。ほ

かの優秀なユーチューバーに比べれば、子供だましのレベルであるにもかかわらず、だ。

漫才やコントのコンテスト番組に、素人が出る場合も同じである。友人たちの間では「面白いやつ」なのであろう。しかし、テレビ界で群雄割拠《ぐんゆうかつきょ》するお笑い芸人には、到底かなわない。

少し厳しい例になるが、宝塚音楽学校はとてつもない難関である。子供の頃から声楽やバレエの英才教育を受け、地元で「○○小町」と呼ばれるほどの美人でなくては合格しない。しかしその難関試験に合格する人は、皆その条件をクリアしているのである。宝塚歌劇団でトップスターになる人は、その中でも飛び抜けて優れた人だけ。ほんの一握りなのだ。そして日本中の○○小町のほとんどは、宝塚音楽学校に入学したその日に、自分が「並」であることに気づくのである。

小さな共同体での成功が、必ずしも全国で認められるわけではない。自分の能力を正しく判断するには、多くの人の意見を聞くのがいい。

一般の人は、テレビでたまにしか見ない芸人を「売れない芸人」と言ったりする。だが、自分がたまに見るということは、全国的に見るといろんなテレビやラジオに出ており、ライブ活動も加えると毎日仕事があるという人も珍しくない。決して「売れない芸人」ではなかったりする。

これらの事例に関連して、2006年にユニークな実験が行われている。デイヴィッド・マクレイニー著『思考のトラップ　脳があなたをダマす48のやり方』（安原和見訳・二見書房）から紹介しよう。

被験者全員が簡単な問題を解いたとする。問題が簡単だから、能力の低い人が「できた」と錯覚してしまう。自分の多少のミスは問題ではなくなる。正確に自己判断していないのだから、判断にバイアスが生まれる。自分を過大評価してしまうのだ。

一方、優秀な人は、ミスが少ないので自分の実力を正確に評価している。当然バイアスは少なくなる。

逆に難しい問題の場合はどうだろう。できる人は自分のミスが気になって「できなかった」と錯覚する傾向がある。逆にできない人は、そもそも歯が立たなかったのだから、「できなかった」と正確に自分を評価する傾向がある。

まとめると、簡単な問題は能力の低い人にバイアスが大きくなり（自分を過大評価する）、難しい問題は優秀な人にバイアスが大きくなる（自分を過小評価する）傾向があるということだ。

「奇跡」は珍しいことではない

たまにSNSなどで、雲の形がキリンの顔にそっくりだとか、コーヒーに落としたクリームの形が人の顔にそっくりだとか、そんな写真に出くわすことがある。これは「パレイドリア」と呼ばれる現象である。長い人生を生きていれば、いろいろな偶然に遭遇するものだ。

時計を見たら10時10分だったとする。次に見た時は11時11分だった。偶然にしてもできすぎだなと思ったりする。だから私たちは、そこに意味を感じ取ろうとすることがある。点と点を意味ある形につないでストーリーを作り、ストーリーに特別な意味があると解釈をし始める。これは「アポフェニア」と呼ばれる心理的特性である。

しかし、それはあくまで偶然なのだから、偶然として受け止めるべきである。偶然を運命に昇華してしまうと、フィクションとしては面白いが、現実では困ったことが起こる。例えば「神」が生まれることさえあるのだ。

ケンブリッジ大学の数学者J・E・リトルウッドが、1986年に「奇跡の発生率」についての研究成果を発表している。

まずリトルウッドは、奇跡を「100万回に1回の割合でしか起こらない特別な出来事」と定義した。また、人は平均して一日に8時間ほど外界に注意を払っており、平均して1秒に一度何らかの事象を経験することがわかっている。とすれば、35日で100万の事象を経験することになる。

したがって、あることが100万に一つの確率で起こるとすれば、だいたい1か月に一度は起こることになる。ならば「奇跡は月に一度起こる」。これを「リトルウッドの法則」という。奇跡の出現は、よくあること、とも言えるのだ。

というわけで、その奇跡を利用して良からぬ〝ビジネス〟を考案する人間もいる。気をつけるにこしたことはない。

人は、過去の選択を合理化したがる

これまで長い時間、「どちらがよいか」議論されてきたものの中に、あまり成果を上げていないものもある。

例えばマッキントッシュ対ウィンドウズ。アイフォン対アンドロイド。私の場合、後者はそれほどではないが、若い頃はマッキントッシュ、ウィンドウズ、共に出始めだったので、一長一短があり、どちらがよいか随分議論したものである（議論といえるほど大した根拠はなく、どちらがいいかを雑談し合っていただけだが……）。

今になってみれば、両者の進化の方向性は随分異なってきたので、議論した時間さえ無駄に思えてくる。

ただ、それでも、誰しもが自分が買ったものを身びいきする傾向はあった。大した根拠もなく選んだはずだが、自分の行動を合理化したいのである。

やはり随分前のペプシのテレビCMだが、被検者にペプシかコカ・コーラか、わからない状態で飲み比べてもらい、どちらのメーカーのものか当てさせるという趣向のものがあった。ある人は、おいしいと思ったのがペプシだったことがわかり、それまでなんとなくコカ・コーラを飲んできた自分にびっくりしていた。

しかしながら、「コカ・コーラはイメージで選ばれているだけだ」とアピールしたかったそのCMが功を奏したかといえば、そうとも言えない。街中の自動販売機は圧倒的にコカ・コーラのものが多い（営業力の差もあるかもしれない）。味の良し悪しに関わらず、コカ・

コーラへの「ブランド忠誠心」が人びとに定着してしまったのである。

私は若い頃にウィンドウズを選んでしまったので、今でもウィンドウズを使い続けているが、本心は「マッキントッシュに変えてもいい」である。特に激しく議論もしなかったので、メンツにこだわっているわけではないが、今のところ惰性で続いている。実際にどちらを使っても困らない使い方をしているということもある。

ただし激しく議論したことなどは、メンツが邪魔して、それ以前の自分の選択を正当化したくなる傾向があることは覚えておこう。

一見、奇妙な説明を受け入れてしまう心理

私たちが確実にわかっていることに比べると、わかっていないことは気が遠くなるほど多い。竹内薫が『99・9%は仮説　思いこみで判断しないための考え方』(光文社新書)という本を書いたが、人間は地球の成り立ち、宇宙の成り立ちも解明していないのだから、あながち的外れとは言えない。

イースター島に建てられたモアイ像は何のために作られたのか。南米大陸の西にあるガ

ラパゴス島には、なぜ珍獣と名付けたくなる動物がたくさん生息しているのか。

誰もが腑《ふ》に落ちるような、説得力のある解説をしてくれる人はいない。そんな時、人は神秘主義に走りがちである。水晶玉やダウジングの棒など、パターンを認識しやすい傾向をうまく利用して解説されると、信じてしまいそうになる。

というのも、こちらには反論の材料がない。とりあえず相手は説を唱えているが、こちらは異論を唱える材料がない。神秘主義を受け入れないためには、不利な状態に耐えなければならない。

超常現象に分類されていることは、ほとんどが「無知に訴える論証」という誤りの結果である。

証拠がないことは、ある仮定を裏書きするものでも、否定するものでもない。例えば、地球以外の惑星に生命が存在するか？　という問いがある。現状では、発見されていないからといって、存在するともしないとも断定できない。証拠がないのだから、自説が正しいと思い込むのも否定するのも間違っている。

なお、証拠があっても、別の論理を採用してそれを認めないということもある。今でも人類が月に行っていないと信じている人などだ。１９６０年代にロシアやアメリカの宇宙船が月面着陸しているのだが、その偉業はなかったというのだ。証拠はたくさんあるのだが、いくら証拠が出されても信じない人は信じない。ごく些細《ささい》な問題点を重視して、自分の考えを変えようとはしないものだ。

いつしか私は「すべての人を説得することはできない」という前提で人と付き合うになった。世の中には一定数、わかり合えない人がいるのだと思うことで、生き方が随分楽になったように思う。

腹が立ってくると相手の立場を貶《おとし》めたくなる

議論に負けそうになると、人はごまかしを使っても自分の意見を通したくなるものだ。

議論は論理で行うのだから、自分の論理が通用しなくなった時に、素直に白旗を揚げればよいのだが、なかなかそうならないのが人間の難しいところだ。

人は純粋に議論だけをしているわけではない。感情のやり取りも行われている。感情の部分が「このまま終わりたくない」と鎌首をもたげてくるのである。

では、論理的に負けた時に、どうやって相手をやっつけようとするのか。

「ワラ人形論法」という方法がある。議論において、相手の主張を歪めて引用し、その歪められた主張に対して反論するという誤った論法である。

こちらが「そんなことは言っていない」と言っても、言葉尻の一部を膨らませるだけ膨らませて（あるいは、こちらの言葉を飛び飛びに自分の都合のいいようにつなぎ合わせて）、こちらとは別人格のワラ人形を作ってしまう。この論法はパターン化している。まずワラ人形を作り上げ、それを攻撃し、簡単に論破する。困ったことに、そこが次の議論の出発点になってくる。

この間は、早口でまくしたてるか、激した感情で押し切ってくる。こちらが「理屈の通用しない時間帯は黙っていよう」と思っている間に、相手は結論を導いているのである。

こういうタイプは一定数いる。感情のコントロールの利かない人に多いように思う。本人は議論に勝ったつもりでいるが、人が付いていかないものだ。

例えば大学の入学試験の際には、合否判定会議が行われる。合否線上にいる受験生がいるとする。点数が同じで二名のうちどちらが合格してもおかしくないが、二名とも合格させることはできない、ということがある。

合計点は同じでも作文の成績が著しく低い受験生は、入学後のレポート指導が大変になるから、できれば不合格にしたいという意見が出たとしよう。ほとんどの先生が穏当な意見だと感じる。しかし、その前に何か感情を害した先生がいるとする。ムカムカしているから何か言いたいのである。

すると、例えばこんな意見が出てくる。

「作文の成績の悪い受験生を落とし続けると、作文の苦手な受験生ばかりが受験する年はほとんど落ちることになりますよね。そうなったら合格者は0になり、大学は倒産しますが、それでもいいのですね」

こういう意見は感情の産物だから、それにまともに乗ってしまうと大変な結果になってしまう。

その人も〝正論〟を言っているつもりなのである。「正しいことを言っているのに、なぜ、自分には人が付いてこないのか」と自問自答すれば、一歩前進することもあるだろう。

他人を先入観なしに評価することは難しい

自転車を盗んだと告発されている人の裁判があるとする。検察は、被告の過去の前科を示したり、昔の知り合いに被告は嘘つきだったと証言させたりする。これらの条件で「被告は嘘つきで泥棒だ」という先入観が作られる。

被告が「自分は自転車を盗んでいない」と主張し、証拠や目撃者の証言に決定的なものがなければ、無罪の可能性が高いのに、である。

「人身攻撃の誤謬《ごびゅう》」に陥っているのである。

『12人の怒れる男』というアメリカの裁判映画がある。非行少年が殺人犯の被告となり、決定的な物的証拠はないが、状況証拠はほとんどその少年が犯人であることを示している。複数の目撃者の証言もある。少年が犯人だと、簡単に決着がつく陪審員裁判に見える。結果的に、目撃者の証言は信頼できないものであることがわかり、少年は無罪になる。

この映画なども、「人身攻撃の誤謬」がテーマになっているといえよう。

実際には人身攻撃の誤謬は少ない。例えば、小さな会社で盗難事件が起こるとする。社員やアルバイトは、お互いの性格や懐《ふところ》具合まで知っている。外部の犯行でないことがわかっていれば、ほとんどの場合「彼が怪しい」という思惑が外れることは少ない。

だからついつい人を先入観で見てしまうのだが、間違うことはあるということだ。

「人身攻撃の誤謬」は逆の場合にも起こる。社会的立場が高く、人柄も良い人は、人に信頼されている。こういう人が悪事をはたらいた場合、人はその事実をにわかには信じないものだ。

人は先入観から逃《のが》れにくくできている。もちろん普段から盗みを繰り返し、嘘をついていれば「そういう顔になっていく」とまでは言ってよいと私は考えている。

〝特別感〟を刺激されると、人は嘘を信じてしまう

随分古い実験になるが、1948年に、バートラム・R・フォアラーが行った性格診断テストがある。被検者は学生である。フォアラーは一人ひとりの性格を評価したと伝え、次のような文章を提示した。ちょっと長いが、しっかり読んでいただきたい。

あなたは他者から好かれたい、称賛されたいと思っているが、自分自身に対しては批判的になりがちだ。いくつか性格的な弱点もあるものの、たいていはそれをうまく補っている。あなたのなかには、じゅうぶんに活用されていない大きな能力が眠っている。外面的にはしっかりした社会人を演じているが、内心では不安になったり自信をなくしたりしや

すい。ときには、自分が正しい決断を下したか、正しいことをしたか深刻に悩むこともある。ある程度の変化や彩りは好ましいと思っており、規則や制限に囲まれていると不満を感じる。また、自分の頭でものを考えられると自負しており、じゅうぶんな証拠がなければ人の言うことを鵜呑《うの》みにしない。しかし、人に自分をあまりさらけ出すのは賢明ではないと気づいている。外交的で愛想よく社交的にふるまうこともあるが、内向的で心配性で引っ込み思案になるときもある。ときどき、かなり非現実的な野心を抱いたりする。

（『思考のトラップ　脳があなたをダマす48のやり方』）

学生たちはこの文章を読み、どの程度当たっているか点数をつけるよう言われた。学生たちが付けた点数は、平均して85点である。

もちろんこの文章は、一人ひとりに合わせて分析されたものではない。フォアラーが星占いを土台にして作ったものである。

この文章を読み、「なんとなく自分に当てはまる」と考える人は少なくないだろう。

誰にでも当てはまりそうな曖昧なことを言われると、それを信じてしまう傾向のことを「フォアラー効果」という。人が星占いやタロットカードなどの神秘主義を信じてしまうのは、心理学ではフォアラー効果で説明できる。

人は自分のことを話題にされると、簡単に乗りやすい傾向がある。というのも、人の頭の中にはいつも「自分」が存在しているからだ。「自分とは何か」という問いが心の多くの部分を占めているし、秘かに非凡で特別な個人でありたいと願っている。また、自分の夢や才能などは自分独自のものだと考えたい。

だから前述のような文章に出合うと、自分という特別な人間のことがよく表現されているなあと感じる。

もちろん、私たちは「世界に一つだけの花」である。この世に同じ人は二人とはいない。しかし大谷翔平《しょうへい》や藤井聡太《そうた》のように、特別な才能を持って生まれた人間ではない。総合的に見れば皆似たり寄ったりなのである。

だからこそ、というべきか、どうとでも取れる曖昧《あいまい》な文章を自分に向けられた時、自分の〝特別感〟が刺激される。占い師は、こういう特性を使って「この人は、なぜ自分のことがわかるのだろう」と思わせるのである。

占い師ばかりでなく、水商売でトークの上手《うま》い人は、多かれ少なかれこの方法を使っている。

集団全体が誤った判断をするとき

「和を以て尊しとなす」は聖徳太子の言葉だが、日本人の心性をよく表している。

一般に集団は、和（結束力）が強いと強くなる。和を乱す人間がいるとどうしても足並みが揃《そろ》わない。混乱を避けるためにも、和を乱す人間を排除する傾向がある。あるいは、和を乱す言動を避けようとする。

「和」と言えば聞こえがいいが、「長」を中心としたイエスマン集団のことでもある。長が決めたことに反論が出ないのだから、集団全体がイージーミスをやらかすこともある。間違いを止める人がいないからだ。

1961年にケネディ大統領は、1400人の亡命者の部隊を投入して、キューバのカストロを打倒しようとしたことがある。亡命者たちは訓練を受けた兵士ではない。また数も少ない。まともな軍人ならこんな作戦を立てたりはしない。加えて、この部隊が来る情報がキューバに漏れていた。間抜けと言っていい計画である。

なぜこんな杜撰《ずさん》な計画が、誰にも止められなかったのか。心理学では、この研究を基に

「集団思考」という分類を作ることになる。

絶大なケネディ人気が原因の一つである。側近はケネディと同じ方向を向いており、冷静な判断をする人がいなかった。だから誰もケネディの暴走を止められなかったのである。同じことは、第二次世界大戦を始めた日本にも言える。軍部に反論できる人がいなかったのだ。

「集団思考」の弊害を考えた時、私は自分の好きな「ソフトバンクホークス」が頭に浮かぶ。選手層の厚さは12球団随一である。能力の高い選手が揃っている。チームは王会長を中心として一枚岩にまとまっている。選手同士も仲がいい。弱くなる理由がなさそうに見えるが、負け始めると連敗が続く。

素人考えだが、私は、コーチ陣の中に何人か異なる野球理論を持っている人がいるとうまくいくのではないかと考えている。チーム内に異なる意見があるのだから、首脳陣も「本当にこの作戦でよいのか」と自らに問い、気を引き締めながら戦う。自ずと慎重になる。選手も「ここで打てなかったら、あのコーチに叱《しか》られる」と奮起するのではなかろうか。もちろん、チーム内に不協和音が生じる弊害がないわけではないが……。

4章

見抜く力は五感で「受信」してこそ育まれる

究極の発信は受信である

仕事のできるビジネスパーソン、特にセールスマンはコミュニケーションの達人だ。それは人を見抜く目が優れているからだが、その土台にあるのは受信する力である。

生命保険、証券、不動産、化粧品、自動車……見た目（非言語コミュニケーション）の専門家として、いろいろなトップ・セールスマンと交流してきた。私としては、人を見抜く目を鍛えてもらったという気持ちである。

押し相撲で「売る」人がいないわけではないが、高額商品をたくさん売る人は基本的に、聞き上手である。相手が何を欲しているか、行動や視線の先、表情などで読み取り、言葉は最低限にして、最短距離で相手の求めているものに導いていく。

化粧品なら、実際にメイクを施してみて、耳元で「いいお色ですね」とささやいた時には、お客は買うことに決めている。メイクをしながら、お客の気持ちを読み取り、微調整をしながら、より満足度の高いものに仕上げていく。お客は、みるみる美しくなっていく自分の顔を見ながら、「これしかない」と確信を深めていく。

物を売る力は、詰まるところ、相手の求めているものを感じる力、受信する力である。言葉を多用する必要はない。相手の満足度が上がるような、表情、仕草、行動が営業力のほとんどを占める。

車なら、お客が求めるオプション的機能のカタログが即座に出せ、定価から幾らぐらいまでなら値引きできるかを判断し、自信を持って言えるか。相手の仕草、話し方、服装からどんなアフター・サービスを好むのかを推測し、提案できるか。その瞬間、お客は「この人は仕事ができるな」と判断し、信頼するのだ。

相手を丁寧に受信することで、自分の営業能力を結果的に発信している。

究極の発信は受信なのである。

博多・中洲《なかす》の有名な焼き鳥店の店長は、こう言う。

「私は人の顔を見るのが商売です。こういったカウンター商売では、お客さんの顔を見て、気持ちを察することができなければ一人前とは言えません。あ、この人は次の注文をしたがっているな、お茶を飲みたいんだな、そろそろ勘定したいんだな……。私の場合は長年、カウンターに立っていますから、人の顔を見ただけで、心のなかの様子までキャッチできるようになりました」（野地秩嘉《のじつねよし》著『日本一の秘書―サービスの達人たち』新潮新書）

客商売の人は、多かれ少なかれ、同じ気持ちで店に立っているはずだ。とは言え、繁盛店とそうでない店では、店長の客あしらいに差があることを、客も知っている。客と店主、受信力と発信力、お互いの緊張関係で商いは成り立っているものだ。

ここでは受信することの大切さ、有効性について話していきたいと思う。

キャッチボールが難しいのは「聞いていない」から

演劇の世界では、俳優同士は「きちんとキャッチボールするのが基本」だと心得ている。平たく言うと、相手の言葉をきちんと聞いて、心で感じて、感じた心が相手に何かを伝えたくなり、最後に相手にきちんと届くように話す、となる。

台詞《せりふ》を言うためには、「相手の台詞をきちんと聞いて、心で感じている」ことが前提条件なのである。簡単に言うと「相手の台詞をちゃんと聞く」ことが演技の基本なのだ。

例えば、シェイクスピアの『ロミオとジュリエット』という芝居は、タイトルになっている二人が主役の作品である。しかし、台詞を喋《しゃべ》っている時間は、二人とも芝居全体の5分の1もない。ほとんどの時間はほかの役者の台詞を聞いているのである。まず「聞く芝居」ができなければ、俳優は役にありつけない。

だが観客は、黙って（聞いて）いる人より台詞を言っている人を目で追うものだ。映画やテレビなどの映像でも、カメラは「台詞を言っている人」を追っていることが多い。

もちろん、この事情は日常生活でも変わらない。かくして、「聞く」という行為は軽視されがちである。

しかし、コミュニケーションは「受信」と「発信」の二つで成り立っていることは誰もが知っている。私の考えでは「受信」と「発信」のキャッチボールのことをコミュニケーションという。だからいくら上手に発信しても、受信者がいなくては伝達したことにはならない。

これほど重要な「受信」が、なぜ軽視されてきたのだろう。

コミュニケーションは、主に「何かを伝える」ために研究されてきたように思う。そもそも伝達の王座に座っている「言葉」は、「伝えたい」時に発するものである。

しかし、私たちが言葉を獲得してきた経緯を冷静に考えてみる。言葉一つをとっても、人（多くの場合は親）から学んだのである。まず「受信」があって、それが自分の身に付いて、発信できるようになる。

受信は発信の基本なのである。コミュニケーションにとってまず重要なものは受信で、次に発信なのである。きちんと受信できる人が、発信も上手《うま》い人ということになる。

アメリカでも日本でも一流の俳優は、あまりまばたきをしない。したがって、俳優を目指すような若者は、子供の頃からテレビドラマや映画をたくさん観る中で「俳優はまばたきをしないものだ」と気づいているはずだ。

しかし実際、俳優の養成所などで教えていると、俳優がまばたきをするか否かなど気にも留めていなかったという人が多いことに驚く。俳優になりたい人さえ、一流の俳優の演技をきちんと受信していないのである。

五感のうち、「触覚」はあなどれない

視覚、聴覚、味覚、嗅《きゅう》覚、触覚で受け取る（受信する）情報のうち、最も量が多く、信頼性も高いのが視覚情報である。そして非言語情報の中でも、最後の二つ、「嗅覚」と「触覚」は、書物の世界では長らく蚊帳《かや》の外に置かれてきた。

グーテンベルクが活版印刷術を発明して以来、情報伝達の王座には、長らく活字が座っ

てきたからだ。15世紀から20世紀まで、情報は基本的に新聞や本（雑誌）という活字の形で流通された。逆に言うと、言葉になりにくい情報は軽んじられてきたのである。

「嗅覚」は、腐った物、食べてはいけない物などを見分けるために、重要な役割を果たす。だが、「匂い」は言語化しにくい。例えばリンゴの「津軽」と「富士」には、匂いにも微妙な違いがある。しかし、その違いを、リンゴの匂いを知らない第三者に伝わるように言葉で伝えるのは困難だ。

では、「触覚」はどうか。それはどんな役割を果たしてきたのだろうか。

東洋人は西洋人に比べて、人前では相手の身体に触れないものだ。日本人は明治以前には、挨拶の時に握手もしなかった。握手程度の接触でも、明治以降に西洋から入ってきた習慣である。

接触でも、ハグとなると日本人の普通の感覚にはない習慣だ。アメリカでは仕事から帰ってきた夫は、妻にハグをするものだ。しかし日本では、かなり西洋化した感覚の若い夫婦でも、ハグまでするのは新婚の時だけだろう。

ビジネスの局面でも、普通はハグをすることはない。日本の総理大臣が、外国の国家元首と会う時に笑顔でハグをするが、私にはさまにならないように思える。無理しているな、と感じてしまう。

例外はスポーツの世界である。スポーツでは、得点を入れたりすると、よく選手同士ハグをして喜びを分かち合っている。とは言え、その習慣もプロサッカーが生まれる以前は、あまり一般的ではなかったように思う。

私たち一般の人間がハグをするとすれば、高校を出て以来30年ぶりに友人と会ったという時ぐらいである。「お互いよく元気でやってきたよ」とハグをする時にはあまり無理がない。しかし、それも特殊なケースである。

そのため私も、日本人にとって、接触は重要な情報の交換ではないと思い込んできた。しかし、コロナ禍《か》以降、それは間違いであることがわかった。

2020年に緊急事態宣言が発出されて以来、私たちは、他人とは握手さえもしなくなった。全く触れることがなくなって初めて、たまには日本人同士も触れていたのだな、と気づいた次第である。日本のビジネスマンでも、相手との心理的距離を縮めなければならないという時には、強めに、そして長めに握手をしていたものだ。

目で見ただけでは心もとなくて、手で触ってみるとそれが確信に変わるということは珍しくない。

触覚の機能や効用について、もう少し詳しく知ってみよう。触覚は、相手から受け取る情報のバックアップとして有効だと考えるからだ。

触覚は、他の感覚と協力して効果を増す

人が他人の身体に触れる時、言葉だけでは伝わらない、プラスアルファの感情を伝えたいことが多い。「この申し出は断らないでくださいよ」「こんな難しい問題がよくできたなあ。よく頑張った」「うちの会社が今あるのはあなたのおかげです。感謝の気持ちを忘れたことはありません」……。

言葉だけで伝えるよりも、強い気持ちが相手に伝わる。もちろん言葉がなくて接触だけならば、相手に本心が伝わることはないかもしれない。しかし言葉をどれだけ費やすよりも、接触という情報を加えたほうが、伝わる情報が格段に増えるケースもある。

情報が抽象的なだけに、伝え方は難しくなる。というのも、接触では細かい感情が伝わらないからだ。例えば「あたたかさ、親密さ、信頼」など。否定的な感情なら「苦痛、不快、攻撃」など。

アメリカの心理学者がこんな実験をしている。デイヴィッド・J・リンデン著『触れることの科学　なぜ感じるのか　どう感じるのか』（岩坂彰訳・河出文庫）から紹介しよう。

大学生に二人、テーブルを挟んで向かい合って座ってもらう。二人の間は黒いカーテンで遮《さえぎ》られている。お互いの姿を見たり、話をしたりすることは禁止されている。伝達者の役を割り当てた側に、感情を表す12の単語リストの中からランダムに一つを見せる。単語リストに書かれている言葉は次の12である。「怒り、嫌悪、恐怖、幸せ、悲しみ、驚き、同情、困惑、愛情、嫉妬、誇り、感謝」。

伝達者には考える時間を与えた上で、（向かい合った）もう一人の前腕の肌に、その感情を伝えるために適切と思われる触《ふ》れ方で5秒間触れてもらう。触れられる側は、カーテンで遮られているために、相手がどんなふうに触《さわ》っているのかを視覚で確認することができない。この実験は１０６組の被検者で実施されている。

その結果、困惑、嫉妬、誇り、という内面的（内向き）な感情はうまく伝わらないことがわかった。一方で、外向きの感情である愛情、感謝、同情は伝わったようだ。愛情は多くの場合、腕を撫《な》でたり、指を絡ませたり、で伝えたようだ。感謝は握手で、同情は軽く叩《たた》いたり撫でたりする動作で伝えられている。接触といっても、説明的な動作が加わっている。単純な接触では気持ちまでは伝わりにくい、と考えていいだろう。

この実験は、スペインで実施しても同じ結果になったという。

ただ後日、実験者がこの実験結果を検証し直した時、男女差が出てきたそうだ。女性が男性に怒りを伝えようとしたが男性には伝わらず、男性が女性に思いやりを伝えようとしても女性には伝わらなかったのだ。

言葉を換えれば、女性が怒っているのに男性は気づかないし、男性の思いやりは女性には伝わっていないのである。こうした傾向があるのは、なんとなくはわかっていたが、実験で示されると「やっぱりね」という気持ちにもなる。

選手同士の接触が多いバスケットチームは強い

NBA（アメリカ・プロバスケットボールリーグ）では選手同士の間で、ハイタッチやチェストバンプ（ジャンプして、胸をぶつけ合うこと）などの身体的接触が頻繁に行われる。

これを研究対象にした、カリフォルニア大学バークレー校の研究グループがある。身体的接触は成功の要因である「信頼と協調」を育む。したがって、シーズン開幕当初のチームメイトの触れ合いの多さは、その後のシーズンにおける協調性（成績につながる）や、結果と相関があるのではないかと推測したのである（『触れることの科学』）。

研究グループはまず、ＮＢＡ全30チームの２００８年から２００９年のシーズン開幕後２か月分の試合（選手総数２９４人）の録画をチェックし、ゴールを喜ぶ接触などを数えた。握りこぶしをぶつけ合うフィストバンプ、肩をぶつけ合って喜び合うショルダーバンプ、両手のハイタッチなどである。また、チームメイト同士の声の掛け合いやパス交換、スクリーン（味方のプレーを助けるために相手の動きを制限するプレー）などのチームプレーも指標を用いて評価を行った。シーズンを通した個人成績やチーム成績については、ＮＢＡの公式記録を使っている。

その結果、シーズン開幕当初の選手同士の身体的接触は、個人についてもチームについても成績との相関を示したのである。

さらに研究チームは、慎重にデータの解析をしている。この相関関係は本質的なものではないとも考えられるからである。

例えば優れた選手やチームは、単純に得点を取る回数が多い。ゴールを喜ぶ機会も増えるはずだ。そこで、研究チームは得点総数にも調整を加えて統計的修正を加えている。また、好成績が予想されたチームの選手は楽観的になる傾向がある。それがプレー中の身体的接触を増やし、好成績につながった可能性もある。これについても統計的修正を加えた。

身体的接触と好成績との関連の大部分は、協調行動で説明される。つまり、協調性の高いチームは、相対的によい結果を出すという結果が得られたともいえる。

プロスポーツのように、たくさんの要素が重なり合った条件では、相関関係は証明されにくいものだ。身体的接触と成績との相関関係が、ほかの要素を完全に排除して証明されたとは言えないが、おおむね証明されていると言ってもいいだろう。

少なくともプロバスケットボールでは、身体的接触が個人とチームの成績を押し上げていることがわかる。それも協調性を築くことが成績を押し上げていることを示唆している。

10年以上も前の研究成果だが、スポーツの世界大会などを見ていると、これは定説になっていると考えてもよいだろう。

指先には、どんな力が潜んでいるのだろう

目が見えない人が点字を読む速度は、私には驚異的に見える。速度の差こそあれ、目の

見えない人は、皆点字が読めるようになるのだから、人には生まれつき点字を読む素質が備わっているのだろう。

そうは言っても、私が目をつぶり、指先で点字を触っても読めるようになる気はしない。点字を読んでいる人は、非常に高度なことをやっているように私には思われる。触覚の能力の高さに驚くのである。

一方、超スピードでスマホに文章を打ち込む人を見ても、私は驚かない。指が速い速度で動くだけで、特殊能力を使っているようには見えないからだ。

ちなみに、指先で点字を読む能力と、指紋とは無縁のことであると思う。私は指紋をとても不思議な存在だと思っている。古くからある仮説では、木登りをしたり、物を摑《つか》んだりする時に便利だからだ、と説明する。この説には異論もあるし、私も説得されてはいない。それほど実用的なものなら、人それぞれ微妙に異なる必要もなかろう。

前述した『触れることの科学』によると、指紋はゴリラやチンパンジーにもあり、霊長類以外の哺乳《ほにゅう》類にも時折見られるという。さらにオーストラリアのコアラには指紋があるが、近縁のケバナウォンバットにはなく、また有袋《ゆうたい》類のキノボリカンガルーにもないという。北米に魚を捕るイタチがいるが、これには指紋があるという。しかしイタチ科で指紋のない種もあるらしい。

指紋の目的は、まだよくわかっていないのだ。

アメリカ先住民のディネの人々(ナバホ族として知られる)の伝承によれば、指紋からは一種の生命の力である「霊の風」が噴き出してくるという。ファンタジックな説で科学的ではないが、彼らの解説が私には最もしっくりくる。

「私たちの手の指先には渦《うず》巻きがある。足の指も同様だ。私たちの柔らかい場所、渦のあるこの場所には「風」が存在する。……この風が足のつま先の渦巻きから飛び出し、私たちを大地に結びつけている。手の指先から飛び出す渦巻きは私たちを空に結びつけている。これがあるから私たちは動き回っても倒れずにいられるのだ」(前掲書)

指先に特別な力を感じているのがよくわかる。本書で詳しく述べることでもないが、性生活では指先の感触は大切なもののはずである。

演技指導に接触がなさすぎると…

私は大学の演劇入門のような授業や劇団の研究所で、新人に演技指導をしている。

私たち指導者は、女子学生にセクハラで訴えられるのを恐れて、演技指導の時も極力女子学生に触れないように心がけている。

「君はこの位置に立って、こっちのほうを向いて喋ってくれる？　身体はこちらを向いて、顔だけこちらを見る」「君はここから、机の後ろを通ってこちらに移動する。立つ時の身体はこちら向きがいい」――。身振り手振りを見せながらでも、伝わりにくい情報である。

動き身体の向きを指導する時には、学生には軽く触れたほうがやりやすい。学生も自分の身体の向きなど、言葉だけでは理解しにくいからだ。

例えば、駄目出しが「言葉だけ」で行われたとする。

「君はその位置に立ってください。身体は正面よりも30度ぐらい左向き、いや20度ぐらいかな、ちょっと待てよ。25度ぐらいでいいかも――」

俳優ももどかしいだろう。肩口に軽く手を添えて、「この角度を向いてくれる？」と言えば、相手もすっと理解してくれる。

ところが同じ授業を行うにしても、コロナ禍以降は、軽く触れることもできなくなった。また、俳優同士もあまり近い場所には立たなくなった。かつてならやりにくいと感じていた状況が、現在ではスタンダードになりつつある。

演劇の稽古場でソーシャル・ディスタンスという言葉が幅を利かせると、奇妙な現象が起こる。あくまで笑い話だが、恋人同士が椅子に座る時に、間に一つ席を空けて座ったりするのだ。

それでもコロナ禍以降の稽古場を経験してみて、たまには触っていたのだなということにも気づくし、触れるべき時に触れないとかえってもどかしいということもわかった。

日本人は接触を重視しない国民だが、少ない接触を大切にしている国民だということも知っておくとよいだろう。

対話は聞くことから始まる

1970年代に宮城教育大学の学長をしていた林竹二《たけじ》は、教育者として優れた成果を上げている。林は、自分の学問がソクラテスから出発していると考えている。

「ソクラテスは、対話というのは相手に意見を出させて、それを吟味することによって相手の魂を裸にして調べることだ、というふうにいっているわけです」（灰谷健次郎『わたしの出会った子どもたち』角川文庫）

林が実践していたことは、子供たちに徹底的に質問することである。子供たちは、答えるために自分の頭で考える。自分で考えたことだから記憶に残りやすい。暗記した量をクラスメイトと競わせるよりも、はるかに子供たちの脳に残りやすい指導方法だろう。

もちろん、いろいろな意見を聞くためには幅広い教養が求められるし、気持ちに余裕がなくてはならない。林竹二は、人の話に耳を傾ける余裕のある人だと相手に感じさせる人物である。だから相手に安心感を与え、心を開いてくれる人も多いのではないだろうか。結果的に優れた教育者となる。

対話の入り口も、人の話を聞くこと、すなわち受信から始まるのである。

人が育つ会社には、聞き上手の上司が多い

最近のベンチャー企業のカリスマ経営者と呼ばれる人たちは、おしゃべりな人が多い。アイデア力や雄弁術で伸《の》してきた人たちだから、発信力は十分にある。しかし、多くの場合、ナンバーツーなどの後継者が育っていない会社が多いようだ。理由は、部下の能力を

引き出していないからではなかろうか。

急成長している企業だから、優秀な人がたくさん入社している。新しい能力を伸ばしてやるシステムがあれば、ナンバーツーや後継者も出てくるはずである。

日本で後継者を育てた経営者といえば、まず松下幸之助の名前が浮かぶ。彼は経営者のみならず、政治家もたくさん育てた（松下政経塾）。松下はこんな言葉を残している。

「日ごろ部下のいうことをよく聞く人のところでは比較的人が育っている。それに対して、あまり耳を傾けない人の下では人が育ちにくい。そういう傾向があるように思われる」

（松下幸之助著『人事万華鏡―私の人の見方・育て方』ＰＨＰ文庫）

上に立つ者は、多くの場合余裕のないことが多い。会議や打ち合わせが立て込んでいて、若い諸君のアイデアがトップに届くようなシステムは少ない。

松下幸之助で印象的な顔の部位は耳である。耳が大きい。彼はその大きな耳で、部下たちの声を聞いていたのではなかろうか。

松下の場合、書いた文章を読んでいても、呼吸が長くて、息を深く吸うタイプだったことがわかる。おそらく、早口でまくし立てるような場面は少なかったのではなかろうか。

人は、ゆっくり話す人に話しかけたくなる。松下は人が話しかけたくなるような話し方をしていた。近年のベンチャー経営者に見習ってもらいたい習慣である。

「頭がいい人」には話しかけにくいものだ

頭がいいと感じさせる話し方の本などが書店に並んでいる。そうした本では、ロジカルシンキングという言葉がよく出てくる。論理的に考え、論理的に話すことで相手を説得しやすいという考え方から生まれた言葉である。

まず結論を先に話す。次に「理由は三つあります」と提示する。第1に○○、第2に○○、第3に○○、という具合に話を進めると、聞いている側は、論理的に物事を考える人だなと思い、頭のいい人だと感じる傾向がある。

例えば、政治番組や経済番組のコメンテーターならば、そうした話し方が似つかわしいだろう。政治や経済の問題点を論理的に説明し、私たちにわかりやすい形にしてくれる、優秀なコメンテーターだな、と私たちも感じる。

だが普段、そんな人と雑談をして、気持ちが安らぐだろうか。日常生活の中で、最低限必要な伝達事項はそう多くはない。ほとんどはコミュニケーションの緩衝材《かんしょうざい》というべき、他愛のない話がほとんどである。

私がテレビのバラエティ番組に出演した時のことである。MCはビートたけしさんで、サブは国分太一《こくぶんたいち》さんだった。たけしさんの頭の回転に関しては、今さら言うまでもない。ここでのポイントは、バイプレーヤーとしての国分さんの役どころである。

その日のテーマは「見た目」に関するもので、本当は私も、頭の回転のいい人の役どころで発言をするために呼ばれたのである。

しかし、私は物書きなので、その場その場で機転の利く発言ができない。というより、テレビのバラエティ出演者のように反射的にしゃべる自分の姿があまり好きではないので、「時々話す」というスタンスを崩すことはない。結果的に、発言回数は減る。

結局、ビートたけしさんと私以外のゲストが活躍する番組になってしまった。

私はバラエティ番組慣れしていないので、時々間抜けな発言もする。国分太一さんは、そんな「浮いた」発言を上手にフォローしてくれる。私の失言は、国分さんのおかげで、まるでなかったことのように流れていく。

国分さんは聞き上手のお手本のような方である。そもそもシャープなことは言わないし、緩めの発言が持ち味でもある。

誰もが頭がいい必要はない。コミュニケーションがキャッチボールである以上、ピッチャーとキャッチャーのコンビネーションによって、成否は決まる。

良い「聞き役」がいて、コミュニケーションは円滑に回るのである。

話すことや書くことが苦手だからといって、決してコミュニケーションが下手なのではない。聞き役に回り、職場の潤滑油として機能していれば、十分に存在価値はあると考えてよいのではなかろうか。また、文章（発信されたもの）をきちんと読み込むタイプの人が、部署に一人いてくれると安心だ。

聞き上手はなかなか評価されにくい立場である。しかし必要であることがわかっているのだから、組織を見る目のある経営者ならば、今後は評価していくべき資質である。

ゲーテにもエッカーマンという聞き役がいた

ゲーテは『若きウェルテルの悩み』や『ファウスト』で知られるドイツ文学の巨人である。晩年は、エッカーマンという詩人と長い時間対話したことで知られる。エッカーマンは『ゲーテとの対話』という上下巻の長い書物を書き残しており、ゲーテとの対話が彼にとってどれほど重要で、影響を与えられたかがよくわかる。

現代の私たちにとって、エッカーマンは十分にインテリだが、ゲーテほどのエリートではなかった。しかし、エッカーマンとゲーテとの対話を読めば、彼がゲーテの言ったことを上手に要約したり、うまい質問でゲーテの考え方を引き出したりすることに成功していることがわかる。

おそらく、エッカーマンがゲーテと同じように頭の回転の速いタイプであったならば、『ゲーテとの対話』は生まれなかったろう。ゲーテの存在は重要だが、エッカーマンという聞き役（受け手）があって、生まれた名著なのである。どちらが欠けても、生まれてはいない。

もちろんエッカーマンは、ゲーテとフィーリングの合う人だったのだろう。これは大前提である。さらに、エッカーマンがゲーテより知的には多少劣り、ゲーテを心から尊敬する立場だったことも幸いしている。発信者と受信者、投げ手と受け手、アタッカー役とトス役、凸と凹の関係だったから、長い関係が続いたと思われる。

ゲーテにしても、エッカーマンのおかげで、自分の頭の中が整理されたはずである。

対話は自分の考え方を整理するのに、とても役立つ。良い対話の相手を持つことは、自分の考えを整理するためにも、必要なものだと心がけたい。

私は、漫画原作や脚本など、物語を作る仕事の時は、アシスタントと「ブレーン・ストーミング」を重ねる。私が提示するテーマに関して、無礼講で皆が思い付いたことを言い合う会議である。誰もが話しやすいように、なるべく楽しい雰囲気にすることを心がけている。

もちろん若いアシスタントからユニークなアイデアが出て、話が進展することもある。しかし私が大事にしているのは、アイデアをあれこれしゃべっているうちに、自分の考えがまとまっていく部分である。

物語を作る初期には、大きなスケールではあるが、その分ぼんやりした構図が頭の中に浮かんでいるものだ。その「ぼんやり」を理屈だけで整理すると、遊びのない窮屈な作品になりやすい。アシスタントたちと話し合いながら、結論を急がず、あちらこちらへ寄り道をしながら、なんとなくまとめていくという手順がよい。

ブレーン・ストーミングの利点は、自分だけで考えていてもまとまらないものが、人と話しているうちにまとまっていくというところだ。やはり頭で考えたり、ノートに書いたりするだけでは、クリエイトするには要素が足りないように思う（私の場合）。

企画なども、雑談の中で生まれることも多い。予想外かつ良質なアイデアは、ジャズのセッションのように、人と人が化学反応をしていくうちに、生まれるものもあるのではなかろうか。

だから聞き役も大事で、そこにも〝経費〟はかかると考えたほうがよいと私は思うのだ。

聞き役のプロは「構えない」

ラジオのトーク番組などに呼ばれることもある。目の前のナビゲーターの手元に、私への質問項目を書いた紙が置いてある。私にもその紙が見えることもある。私はそれを見ながら、次にこれを聞いてくるんだなということがわかる。

もちろんその通りに話しても、番組はつつがなく進行し終わる。だが、私はゲストだから、脇道に逸《そ》れながら話をする自由もある。私が話すべきメインの話は、もちろんしなくてはならない。しかし、脇道の話を聞きたいリスナーも多いのではないかと思う。

ラジオは普通、車の運転をしながら、「ながら族」で聴いている人が多い。要点だけを簡潔に語る締まった番組を求めている人は少ないように思う。だから、私に求められていることだけを喋ってすんなり終わってしまう番組は、私には何か物足りない。

聞き役のプロというのもある。心理カウンセラーもその一つである。一般的には、心を開いてくれない相手の心の声を聞くのが仕事である。私の経験では、たとえ資格を持っているとしても、カウンセラーとして優れている人は多くないように思う。

河合隼雄《はやお》は日本を代表する心理学者・カウンセラーで、少し乱暴に言えば、日本におけるカウンセリングの基準を作った人物である。彼の写真を見ると「優しいおじさん」という雰囲気がある。少なくとも、河合隼雄に気難しさを感じる人はいないだろう。

河合隼雄と村上春樹の共著『村上春樹、河合隼雄に会いに行く』（新潮文庫）の中で、村上は河合についてこう書いている。

「河合さんと差し向かいで話をしていて僕がいつも感心するのは、彼が決して自分の考えで相手を動かそうとしないところである。相手の思考の自発的な動きを邪魔するまいと、細心の注意を払う。むしろ相手の動きに合わせて、自分の位置を少しずつシフトさせていく。たとえば僕がそのとき小説を書いているとわかると、僕を（あるいは僕の作品を）誘導するような可能性を持つ発言はきっぱりとやめてしまう。そしてほとんど関係のない話をする」

河合隼雄には人と話をする時に構えがない。相手がどんなボールを投げてきても、そのボールに合った受け方をし、相手が心地よく話し出せるようなボールを投げ返す。だから相手の自発的な動きを邪魔しないのである。話すほうは心地よく話せる。

河合ほどの聞き巧者は多くはいないと思うが、参考になるエピソードである。相手に合わせるためには、野球のバッターならば、ピッチャーがどんな球を投げてきても対応できる状態でなければならない。名人の域といってもいい。

懐《ふところ》の深い人、教養のある人でなくては河合のような聞き役にはなれないだろう。しかし、いい聞き役とはそうしたものだという自覚を持って生活していれば、やがては河合の域に少しでも近づけるのではなかろうか。

相談に乗る時の心得とは

私たちが人に相談をしたい時には、ほとんどの場合、心の中ですでに結論が出ていることが多い。

この会社に転職しても上手《うま》くいかなそうだ……。この人と結婚するのは、やめたほうがよさそうだ……。

実際は転職や結婚が上手くいくかどうかは、やってみなければわからないものだ。よほどはっきりした理由がない限り、事前には確信は得られない。だから人に相談してみようと思う。

しかし相談をしたいと思った時には、自分の中に確信の持てる何かがあるものだ。第六感と言えばいいのか、虫の知らせと言えばいいのか。合理的根拠があるわけではないので、言葉にはならない。

自分が人に相談をする時の気持ちになってみると、よくわかる。自分がなんとなく感じていることを、他人の口からも聞きたいのである。第三者の意見として再確認し、納得が得られればそれでよい。

ということは、相談者がやめたほうがいいのではないか、と思っていることを相談された時は「やめたほうがいい」と答えてあげるほうがよい。結婚したほうがいいかな、と思っている時には背中を押してあげたほうがよい。相手の心は決まっているのだから、わざわざ波風を立てる必要はない。

相手の結果に対して無責任だという気持ちもないわけではないが、こちらにも明確な根拠があるわけではない。何しろ、将来のことはお互いにわからないのだから。

相談を受けた時の、最も大切な心得は「相手をきちんと受け止める」気持ちである。「受け止めた」という姿勢を相手にきちんと伝えることが、第一である。相手が、自分のことを親身になって考えてくれている、と感じているか――。

親身に受け止めていることを相手に伝えるために、どうすればいいのか。相手が言った言葉を、一度はそのまま反復してみることもよい。ただ言うのではなく、自分に向かって言う感覚である。自分も少し相手に近づけている感覚が持てる。相談者は、自分の感情を代弁してくれる人だと好意的に見る傾向がある。

全国紙にはほとんどと言っていいほど「人生相談」の記事があるが、その中で、読売新聞の「人生案内」ほど歴史が古く、さまざまな回答者によって試行錯誤されてきた形跡があるものはないだろう。読売新聞の人生相談の特徴は、回答者が、相談者の悩みや「こうなりたい」という希望を一度、反復する傾向がある。

例えば「あなたは自分の意志が弱いことを自覚していらっしゃる。だから、つい同じことを繰り返してしまう自分に否定的な気持ちを持つのですね」など、だ。読んでいて「安易に繰り返しているな」と思える回答者もいるが、なんとなく相談者を受け止めて親身になっている印象はある。

最後は、相談者の気持ち通りの「回答」ばかりをするわけではないが（実際、「今日からでも気持ちを入れ替えてください」などの回答もある）、一度は受け止めた感じが強い。

他紙の人生相談に「冷たいな」と感じるものが多いのは、「一度はしっかり受け止める」という態度が定着していないからではなかろうか。

ちなみに、読売新聞の回答者の一人、作家の出久根達郎《でくねたつろう》は「反復」からは入らない。おそらく、反復から入る人のステレオタイプが気になるのだろう。とは言え、出久根の回答には心憎い「技」があって、相手を傷付けずに、「駄目なものは駄目」と言っている印象を受ける。

言葉の場合は「反復」は効果があるが、「きちんと受け止める姿勢」である以上、日常ではきちんと相手の黒目を見て、受け止める瞬間は大切だ。繰り返しになるが、人は言葉以上に「見た目」という非言語情報で説得されるものだからだ。

5章

受信したものを、いかにオリジナルな「発信」につなげるか

発信は、自己肯定感から始まる

コミュニケーションにおいては、発信することが大切なことは誰にもわかっている。しかし、「何を話せばよいかわからない」「自分に話すことがあるのだろうか」と考えてしまう人も多いはずだ。

笑い話だが、英会話を勉強して、十分に「話す力」は付いたのだが「話すことがないので、アメリカに行っても、お喋《しゃべ》りはできなかった」という人は実際にいる。

人に何かを話す（発信する）ためには、話したくなることが自分の内側になくてはならない。気づく心と言ってもよいし、感じる心と言ってもよい。

多くの人にとって、発信といえば近年はSNSである（有名人はTVがあるので除く）。Facebook《フェイスブック》でも、読んだ人が「いいね」と思える人は、身近なことに「気づいている人」なのである。道端にあまり見かけない植物があった。公園にあるベンチの影が面白い形をしていた。鉄橋の下から線路を見上げると、摩訶《まか》不思議な世界に見えた……。

発信する時、「どうせこんなことは誰もが知っている」と思えば、情報をアップする気持ちが萎《な》える。「発信」の核になるものは「面白がる気持ち」なのではなかろうか。

ほとんどの人は、書物にするような大きな発見はしないものだ。発信といっても、他愛のないことがほとんどだろう。しかし、小さな「他愛のないこと」の積み重ねが、結果的に「あの人の話は面白い」となるのである。


福岡・筑後市に、演劇が学べる九州大谷短大がある。演劇が学べる大学・短大は九州ではそこ一つである。私はその短大で、専任・非常勤合わせて10年以上教えた。短大といえば、幼児教育学科や福祉学科が多く、就職に有利な資格を取りたい人が主に入学する。演劇を学ぶ人はほとんどいない。まして、東京や大阪など大都市以外には稀《まれ》である。

その短大に入る人の多くは女子学生で、ほとんどはプロの俳優になりたいのではない。彼女たちは高校時代、主要5教科はあまりできず、難関大学を目指すという選択肢はなかった。かといって、幼稚園の先生や介護福祉士に自分が向いているとは思えない。酷な言い方をすれば、将来のビジョンがない学生が主に入学してくる。

だが、彼女たちは異口同音に「人生で、その大学で学んだ2年間ほど楽しい時期はなかった」と言う（もちろん、すべてではないが）。自分を苦しめ、自己否定に追い込んだ、数学や物理・化学はない。ほかの学科のような、国家試験のための受験勉強もない。

入学者の中には、演劇が得意だったという人はむしろ少数派だ。演技にも「基本」や「基礎」はあるが、プロを目指すのでなければ、先生は厳しいことは言わない（少なくとも私は）。「昨日より出来がよければ褒《ほ》める」のが仕事である。

小学校に入って以来、先生に褒められた経験がほとんどない学生がたくさんいた。嫌いな勉強がなくなったのだから、「女子会」的会話が弾む。加えて、演劇経験はほとんどゼロという学生ばかりだから、毎日褒めるところがたくさんある。学生同士でも、お互いに褒めるところがたくさんある。

悪く言えば、ぬるま湯である。しかし、その学科の学生は、よく喋る。そして明るい。おそらく、ほかの大学に入学していれば、自己否定の塊のようになっていただろう学生が、である。私は人口約5万人の小都市にある短大で、「発信の土台」に気づいた。その短大で教えたことは、私にとっては、カルチャー・ショックだった。

人が発信をするエンジンは「自己肯定感」である。それさえあれば、道端に足が1本欠けたバッタを見ても、「人に語るべき事件」になるのである。

そして、それほど大きな反響がなくても、「幸福感」を覚えることができる。

「発信」と構えると、作家、画家、デザイナー、ミュージシャンなどと特殊な才能を持つ人を思い浮かべやすい。しかし、SNSのように「ハードルの低い発信ツール」もある。それらを使えば、完成度が高くなくても、それほど批判されることはないだろう。

彼女たちが高い理想を追い求めれば、困難が待ち構える。しかし、コミュニケーション力（社交性）は確実に上がっているのだから、営業職などの適正は身に付いている。

その短大で専任として教えた4年間、非常勤として教えた約6年間は、私に「自己肯定感」というテーマを与えてくれた。そして同時に、日本の教育は、「自己肯定感」を随分奪う形で成り立っていることに気づかせてもらった。

仕事を「流す」と発信力は落ちる

研修会講師の依頼がたまに来る。テーマは非言語コミュニケーションが多い。コミュニケーションはどんな局面でも大切だが、とりわけ営業や就職活動、組織の活性化などに関するものが多い。

また、近年のオフィスワークでは、多くのビジネスパーソンがPCに向かっている。終業後の飲みニケーションもなくなってしまった。そのため、従業員同士のコミュニケーションが少なくなっていることに経営者は苦慮している。

コロナ禍《か》以降、リモートワークも増えて、かつてなら廊下ですれ違いざまに、雑談風に伝わったことさえ伝わらなくなっている。そういうわけで、社内のコミュニケーションの風通しを改善するというテーマでの依頼もある。

私はもともと演劇畑の人間だから、演者の情熱の分しか聴衆を動かさないと考えている。パワーポイントを準備し、話の概略の80％は決めておく。しかし残りの20％は、その日の聴衆のリアクションに合わせて、小ネタのバリエーションを変えたり、表情や抑揚、アクションを変えたりして、聴衆が飽《あ》きないように工夫する。

演出する時、私は俳優に「全身の毛穴を開いて舞台全体を感じてください」と言うことがある。舞台はライブだから、毎日何かが違うものだ。その違いを感じながら演じれば、脳をフル回転させた状態で舞台に立つことになる。

そうすれば結果的に、俳優の内なるパッションが観客に伝わると考えている。ミュージシャンがライブで観客と交流するのと同じ原理である。

だから、私も人前に立つ時は、脳をフル回転させた状態に持っていく。そのためには、聴衆のリアクションを感じていたほうがいい。講演も聴衆とのキャッチボールである。キャッチボールをやると、予定外のこともしゃべるので噛《か》むことも多いが、それは仕方がないと諦める。

時々、講師が二人呼ばれる会に行くこともある。著書のプロフィールに「毎年100回以上の講演をこなしている」などと書いてある方と一緒の時もある。そういう講演者は「やり慣れているなあ」とは感じさせるが、聴衆の胸を打つことは少ないように思う。仕事として「流して」いることが伝わるからだ。同じことを話すのだから、なるべくエネルギーを使わないほうがいいという講演姿勢になる。

だが、仕事を「流して」しまうと、いつかは受け手に飽きられてしまう。本人は1年に100回講演を行っているかもしれないが、聴衆にはその1回がすべてである。その1回に自分のすべてを詰め込めば、飽きられることも少ないのではなかろうか。

人が共感してくれる発信のコツ

コロナ禍以降、オンライン授業が増えているので、私は出席を「チャット（短いメール）」

でとることにしている。その時、学籍番号、名前の後に「この1週間であった、人が聞いて楽しいこと」を一文添えてください、と注文する。最初は、「好きなゲームをした」「欲しかった服を買った」など、それを読んでも「喜びが共有できない情報」であることが多かった。

少しずつ、「具体的に」書くように指示を出す。すると、「○○というゲームをし、○○という強力な敵チャラを倒した」「○○というブランドの、レアな赤いブラウスをやっと買えた」と具体性を帯《お》びてくる。

こうなると、発信した人の喜びが受信者にも伝わる。ほかの受講生が「いいね」を押したりして、学生同士の横のつながりも生まれてくる。

発信の得意でない人は、小さなことでも「自分が面白がったツボを具体的に伝える」トレーニングを積んでいない人が多い。小さなことだが、毎週やっていると学生も習熟してくる。

ＳＮＳを見ても、Twitter《ツイッター》だと写真がなくて、自分が面白がった内容が伝わっていない人をよく見かける。しかし、Facebookは写真も上げる人が多い。この写真の面白さがどこにあるのかを、具体的に添えている人の書き込みは面白い。身近なことについてだったら、具体的に語るにしてもそれほど描写力もいらない。

「この人の書き込みは小さなことだけど、ちょっとしゃれているなあ」と思えるものはついつい見てしまう。

もちろん、TwitterとFacebookでは特徴も違うので、同じ土俵の上で語るものでもないが。一方、Instagram《インスタグラム》は写真勝負の部分があるので、ここでは論じない。

子供のような「問い」を発信できるか

ラジオの長寿番組に「全国こども電話相談室」（ＴＢＳラジオ）がある。１９６４年から始まっており、その後継番組も形を変えて続いている。

あの番組を聞いていると、子供の問いには、感心させられる。世の中は「疑問・質問の宝庫」だと気づかされ、私たち大人が聞いても勉強になるのだ。特に、回答者を困らせる問いが出てくる時が面白い。

「人はなぜ、喜びや悲しみを感じるのですか？」

「人間が猿から進化したのは本当ですか？」

居酒屋での会話では、そんなきっかけから、話に花が咲くことがある。この例でもわかるように、発信力のある人は必ずしも知識の豊富な人とは限らない。

知識だけなら、小学生程度でもよいのである。だが、「人が当たり前だと思っていることに疑問を持つ」ことができるかどうか、だ。

私が子供の頃から気になっているのは、いろはかるたの1番目。「犬も歩けば棒に当たる」である。2番目が「論より証拠」とすっきりしてインパクトのある知恵であるのに、1番目は、特に実用性もない。

また、最初だから人の注目をひかなくてはならないのに、特に「キャッチー」というわけでもない。何しろ、動き回ることで幸運に出合うこともあれば、災難に遭うこともあるという意味で、とりわけ教訓的であるとも言えない。それとも、序《じょ》破《は》急《きゅう》の「序」という感覚なのだろうか……。

不思議なフレーズだな、と思っているが、多くの人は疑問には思わないようだ。こんなことに「あれっ、おかしいな?」と感じられれば、〝発信〟できることも増えるのではないか。

自分をアピールすることが難しいなら

シャイな人にとって、「発信する」ことはとても難しい。「恥ずかしいと思っているうちは、何も上達しない」と言われれば、反論できないようにも思う。「勇気を持って、一歩を踏み出そう」というアドバイスも通じにくい。

シャイな人が何かを発信するようになるには、きっかけが必要になってくる。

自分ではない何か、例えば団体や人などを広めるためになら、自分の言葉や表現が少しくらい拙《つたな》くても発信できたりするものだ。何しろ、売り込むものが「自分」ではないからだ。自分を売り込む言葉には、丁寧語の匙《さじ》加減にも気を使わなくてはならないが、他人を売り込む時には、その気遣いが要らない。

友人が趣味で作った手芸小物を本人が売りたくても、売れないとしよう。なんとか助けになってあげたいと思えば、微力ではあってもFacebookなどを使って宣伝してあげたくなる。友人が絵の個展を開いたとする。それなら、友人の絵の長所を一言添えて、宣伝しても恥ずかしくはない。

もちろん、友人が作った手芸小物や絵を本当に自分が「いい」と思っていることが前提である。

この例の中に「発信」の大前提がある。「それを言うことが恥ずかしくない」ことだ。発信するためには、この「入り口」を見つけなくてはならない。そして結果的に、自分を「売り込んで」くれる人が現れれば、ラッキーと思えばいい。

習慣から身に付けた、得意分野を持つ

黒柳徹子さんは、毎日50回ヒンズースクワットを続けているそうだ。彼女にそうすることを勧めたのは、ジャイアント馬場さんである。「世界の馬場」に勧められて、それが習慣になり、黒柳さんの若さの秘訣の一つになっている。

毎日ヒンズースクワットを50回行うのはとても難しい。しかし黒柳さんは、それがやがて習慣になっていく。ご飯を食べたり、空気を吸ったりすることと同じことである。スクワット自体は、誰でもできる。40代以下で健康な人なら、ゆっくりやれば50回はできる。それを毎日やれるのは、黒柳さんのような偉人だけなのだが、1回やるだけなら誰にでも

それはできる。

スクワットが習慣になれば、自己肯定感に包まれる。小さなことにすぎないが、自分のニュースとして、SNSに挙げられる。自分が発信者になれる瞬間である。

たった一つの発信にすぎない、と思われるかもしれないが、「生活」に裏打ちされた発信なので、「この人を信じられる」という気持ちが受信者に湧いてくる。また、「実は私もやっている」という反応が来ることもある。そうなると、単なる発信者ではなく、「情報の送受信者」になっていくものである。

簡単なことでよいから、得意分野を持ち、それを習慣のレベルまで高めることが、発信に底力を与えてくれるものだ。

特別なことでなくてもよい。誰にでもできることを繰り返し、それでいて「自分はそれをやり続けても飽きない」ものに出合うことが第一歩と言えそうだ。

得意分野はなんでもよい

黒柳徹子さんのスクワットの例で説明したが、得意分野はなんでもよい。うまいもの巡り、お弁当作り、異世界小説……。自分の好きなものならなんでもよい。２年、３年、と続けていくうちに深みにはまってくる。ユーチューバーのような人は、多くは趣味が高じて、自分の知っていることを「誰かに伝えたくなった」人ばかりだろう。

私は目下《もっか》、高島野十郎《やじゅうろう》という画家が「推《お》し」である。同郷・久留米の出身者である。東大農学部を卒業する時は首席で、天皇陛下から銀時計をもらえる秀才だったが「私は画家になるから」とそれを断り、写実画一筋に生きた。ほとんどの絵描きとは付き合うことなく、画家の連盟に所属することもなく、自分の信念だけに殉《じゅん》じる。ほとんど働くことなく、実家からの援助だけで絵を描いて、無名のままに１９７５年、85歳で逝去した。

野十郎の絵が評価され始めたのは、１９８０年のこと。今でも有名な画家ではないが、「誰からも影響を受けずに、独自に自分の画風を確立した絵」は、揺るぎない評価とともに観る人の心を打つだろう。

野十郎のことなら、一晩でも話すことができる。

もう一つ、意外な（?）ところでは、マーマレードやジャム作りにもはまっている。自分一人では食べきれない量ができるので、ＳＮＳなどで披露すると、友人たちから「俺にもくれ」「私も欲しい」とせがまれ、配っているうちに「どうしたらこんないい味になるのか、教えてほしい」という依頼もある。もはや得意分野になりつつある。

はまれるものは、身のまわりのどこにもある。私の教え子で、ロリータファッションが大好きな女子学生は、原宿のそうした店が並ぶ一角に誰より足しげく通った自信がある。修士論文のテーマに悩んでいたが、それならばいっそのことと、「ロリータファッション」をテーマに修士論文を書くことになった。結果的にユニークな論文を書き上げることができた。

論文ほどの目標を掲げなくても、身のまわりの定食屋やリサイクルショップの店にも「テーマ」はいくらでも転がっている。

あがるのは真剣だから。決して悪いことではない

何十年も場数《ばかず》を踏んだ舞台俳優は、いちいちあがったりしないのではないか、と思っている人も多いだろう。演劇の世界に長くいるが、本番前に全くあがったことのない俳優を見たことがない。

芸人も声優も本番前は皆、緊張するのではなかろうか。

自分の例で考えてみるとよい。例えば、大学受験の際、なんとしても第一志望の大学に入りたい、と願っていれば、その日は緊張するはずである。「落ちたらどうしよう」という不安も脳裏をよぎる。

しかし、「滑り止め」の学校を受験する時の気持ちはどうだったろうか。「何問かミスをしても、余裕で合格するだろう」と思っているので、緊張もしないのではなかろうか。落ちる気もしないので、不安もない。そんな受験の時には、「あがる」ことはない。リラックスできる。

本番前の俳優も、本当はリラックスしたいのである。演技はリラックスしたほうが、相手役の演技を見る余裕もできるし、トラブルが起きた時にも対処する機転も利く。

それなのに、なぜ、あがるのだろうか——。理由ははっきりしている。その仕事に真剣に打ち込んでいるからである。

人は真剣に何かに打ち込めば、あがるし、失敗した時のことを考え、不安にもなる。

「あがる」「不安になる」は、人が真剣に生きる上で良いことなのである。それらは、ともすれば「悪者」扱いされることもある。しかし、人が真剣に何かに打ち込めば、それらは欠かさずに付いてくる。

俳優でなくても、営業マンでも事情は同じだ。今日のお客はしくじってはいけない、と思えば、事前の準備も周到になり、約束の時間の随分前に到着し、心の準備をしているうちに、いつしか緊張感は高まるものである。

逆に、緊張しない仕事が続いている時には、人は成長していないものだ。「うまくいっても、失敗しても大差ない」仕事の繰り返しなのだから。

「あがる」「不安になる」という時は、感謝するくらいでちょうどよい。それのない日々は、多くの場合、人から向上心を奪っている。

本番前に、袖でドキドキしている俳優を見ていると、私もドキドキするが、「一緒に真剣という名の土俵に立っているのだなあ」と実感できる。

「失敗できない」という緊張感が説得力を生む

テレビ通販の世界では、「ジャパネットたかた」は今でも売上日本一の会社である。

テレビ通販の会社はずいぶんある。その多くは、テレビ局のある東京か大阪の近郊にあるはずだ。そのほうがスタジオの手配もしやすいし、タレントも集めやすい。加えて商品情報も集まりやすいはずだ。

一方、「ジャパネットたかた」は今でも九州の小都市・佐世保《させぼ》に本社を置いている。CMに有名なタレントを使うこともない。同社の顔だった高田明《たかたあきら》社長が引退して何年も経《た》つのだから、他社に追いつき追い越されてもおかしくないはずである。

私は同社が強い理由の一つに、生放送路線を変えないという点を挙げたい。同社のテレビショッピングは、生放送（つまりライブ）だから失敗が許されない。何度リハーサルを繰り返そうと、一発本番は緊張感が高い。MCの追い詰められた感じが画面から伝わってくるから、リアリティのあるテレビショッピングとなる。言い間違いや言い忘れたことを後で思い出して、慌てふためいている姿を見るのも楽しい。

一方、東京や大阪のテレビ通販の会社は、有名なタレントを使ったりしているが、録画で作っているために、何度失敗しても、編集すればいいという安心感が画面から伝わる。MCに余裕があり、伝えるべき情報はきちんと伝えられているが、「ジャパネットたかた」に比べれば迫力が足りないように思う。

演劇やコンサートと同じように「一回性《いっかいせい》」には、人を魅了する特別な力が潜んでいる。あなたが人に伝える仕事をしているのなら、「火事場のバカ力」は信じてよいと思う。

自己紹介で「エッヘン」を減らすために

人の自慢話、手柄話は、あまり聞いていて楽しいものではない。

とは言え、年齢を重ねてくると、成功体験も増えてきて、自分がうまくいった時のことを例に出して話したくなるものである。

例えば、初対面の相手には多かれ少なかれ自己紹介をするものだ。その時に、自分の手柄や有能さがまず出てくる人は、要注意である。自分が偉いと思っているのである。知り合って、早めに学歴（一流大学である場合が多い）が出てくる人も、魅力のある人は少ない。社会に出て何十年も経つのに、学歴で自分に重しを付けたいのである。

最近も「○○県の副知事になってくれと頼まれた」という人と出会った。特に政治の話をする局面でもない。本人は自分のキャリアを誇りたいのだろう。しかし、聞かされるほうは、「この人は『エッヘン』でないと気がすまないのだろうな。深く付き合うのもやめよう」となる。相手に「エッヘン」に聞こえてよいことは一つもない。

したがって自己紹介の際には、自分の好きなことを話すとよい。

「卓球が趣味で、日曜日には毎週サークルに通っています。最近は中国の会員も増えてきて、簡単な中国語も話せるようになりました」

「山歩きが趣味で、最初は苦痛だった30キロのリュックサックを担《かつ》ぐのが、最近は快感になりつつあります」

前者は、卓球、サークル、中国と三つのワードがきっかけになって話しかけてくる人が出てくる可能性がある。後者は、山歩き、30キロ、リュックサック、快感、という四つのワードがきっかけになる。

こんな自己紹介なら、「エッヘン」が減らせる。人が離れていかない。

「例えば」は、話を展開させる魔法の言葉

授業で、「人に嘘《うそ》をつく能力を造物主が与えたのは、自分の命を守るためではあるまいか」と発言したことがある。

関ヶ原の合戦に負けた西軍の武将たちは、徳川方に頭《こうべ》を垂れて負けを認め、転封《てんぽう》などの命令に従った。しかし、心の中では「徳川憎し」である。皆嘘をついている。嘘をつかな

くては、切腹の上、お家取り潰《つぶ》しとなるからだ。人は嘘をつく能力がなくては、生き永らえることもできない——。

こんな私の言葉に対し、次のようなリアクション・ペーパー（授業後の感想文のようなもの）を書いた学生がいた。

「例えば、局面によって消極的な態度をとるのも、自分の命を守るための〝自己防衛本能〟なのでしょうか？」

私の言葉を「広げて」いる、とても良い反応である。

世の中は、ポジティブ・シンキング（積極志向）が大流行である。しかし「これ以上、自分は頑張れない」と思えば、そこで一旦は休むのも戦術である。誰もが皆、松岡修造やイチローや大谷翔平のような抜きん出た体力を持って生まれてくるわけではない。いくら彼らが、ポジティブ・シンキングで成功したからといっても、ほとんどの人には同じ戦法は使えない。

先述のリアクション・ペーパーを書いた学生は、よく「例えば」という言葉を前振りに使って、話を広げてくる。「例えば」という言葉は、安易に使い過ぎると、話が散漫になりやすい。しかし、その後に「うまい例え」が入っていると、効果は絶大である。

相手の話を「例えば」と受けて、広がる展開だと、話はリズムよく弾んでくると考えてよい。

「積極的な知識」がなくても

ロシア語の同時通訳として著名な米原万里《よねはらまり》が『不実な美女か貞淑な醜女《ブス》か』（新潮文庫）に、こんなことを書いている。

「消極的な知識とは、他人が話したり、書いたりしたものを理解できる、受け身の知識や語彙を意味し、積極的知識とは、自ら話したり書いたりする際に能動的に使える語彙や知識を指す」

米原らしい、見識を感じる知識の分け方である。例えば、テレビのコメンテーターは、MCの問いに間髪《かんはつ》を入れず、その場が求めているような解説をする人が多い。米原の言う「積極的な知識」の持ち主である。

だが、ほとんどの人は、即座にウイットに富んだ答えは出ないのではなかろうか。私も名詞や人名が思い出せずに、しょっちゅう「あれ、あれ、なんていったけな？」と困っている（文章を書く時でさえ）。それが普通である。

米原が言う積極的知識は、極端に言えば、テレビのコメンテーター向きの才能と考えてよいと思う。だが、そんな知識のない人でも、居酒屋での雑談で、

「SMAPで、最初に辞めてオートレーサーになった人、誰だっけ？」

「3人組アリスの、谷村新司と堀内孝雄と、もう一人誰だっけ？」

などと20分程度は楽しい時間が過ごせる。話があっちに飛び、こっちに飛び、やがてキャンディーズの中で、誰が一番好きだったか、という程度の話に落ち着いたりする。

普通の人は、消極的な知識があれば十分であろう。思い出せないことも、資料で調べれば、やがては出てくる。積極的な知識がなくても特に困らない。

日々を楽しく生きる能力は、むしろ積極的でない知識だったりするものである。

あっと言わせるような意見でなくていい

発信者というと、鋭い意見を述べて、周囲を納得させる人のように思える。

そういう人もたまにはいるが、多くは、取り立てて素晴らしい意見ではない。というの

も、斬新《ざんしん》な意見は、多くの人には受け入れられないもので、皆が「それはいい」と思えるものは、使い古されて、可もなく不可もないものであることが多いからだ。

すでに述べたが、私の事務所では、物語のアイデアを考える時、基本的に「ブレーン・ストーミング」を行う。あるテーマに対し、自由に意見を言い合うのである。年齢も性別も意識しない。他人の尻馬に乗った発言が出ても「ずるい」と咎《とが》めない。とりあえず「面白ければ、どんな発言でもあり」の会議である。

枷《かせ》がないので、話があっちへ飛び、こっちへ飛びするが、それでも時間制限を設けずに、何時間でもやる。最後は、ボスの責任で私が取捨選択をし、まとめるが、それがなかなか役に立つので、30年近くも私の事務所では行われている。

自分の脳からだけ出てくるアイデアは、まとまってはいるが、私自身が「案件の落としどころ」を知っているために、自分一人で考えると広がりが少ない。先入観のない人がいろいろな意見を言うことで、新しい視点を得ることもあるし、役に立ちそうもないネタが、急所に使えることもある。

古代ギリシア哲学は「対話」によって「知」を培《つちか》ってきた。哲学の祖・ソクラテスは「問答法」を実践する。ソクラテスの質問に、弟子が「あまりわかっていないかもしれない」

と気づくことがある。これが哲学の始まりとされる。言葉を変えると、キャッチボールの中で真理が浮き彫りになってくるという感覚なのだろう。

弟子たち（プラトン、アリストテレス、クセノフォン）たちの著書を読むと、対話は理性的に落ち着いた口調で行われたようである。

『朝まで生テレビ！』のように、参加者が声高《こわだか》に自説を主張し、誰もが自分の意見を決して曲げることなく、怒鳴り声だけがヒートしていく……という「ショー」とは、根本的に異なる。

ここで強調しておきたいのは、発信者は「人より見識が高く、真実により近い意見を持っている人」である必要がないということだ。まず、自分が思うことを（間違っていてもよいから）言って、それを端緒に、いろいろな意見が出てくる状態ができればよいという程度に設定するとよいだろう。

ちなみに、私の事務所のブレーン・ストーミングは1日では終わらないことも多い。大事な話なのか、雑談なのか判然としない話がだらだらと続く。2日も3日も続くことが珍しくない（もちろん夜は皆家に帰る）。いくら喋っても、なかなか結論の出ない会議だが、うちのスタッフはそれが楽しくて、私の事務所にいるという人も多い。

質問する時は「結果」にフォーカスしすぎない

相手が例えば、自分が営業でうまくいった時の話をしたとする。聞いているほうは「なぜ、売れたのだろう？」という気持ちになる。素直に聞き返すなら「なぜ、相手は買ったのでしょうか？」という言葉が即座に出てくる。もちろん、それでも悪くはない。しかし、それだけでは話題に「膨《ふく》らみ」が少ないと私は感じる。

そんな時、一歩引いて考えてみる。「そんなふうに売れた時って、どんな気持ちになるんでしょうか？」と聞いてみるのだ。

いつもうまくいくとは限らないが、聞かれたほうは、「やっぱり嬉しいよ。人と接すると予想外のことって多いよね……」という入り口から、話がさまざまに広がっていくことも多い。話の核心は「売れた事実」ではなく「人が嬉しいこと」に変容する。

売れた理由を具体的に答えた場合も、快感は伴うと思う。しかし、もっと大きな喜びは、「心がほっこりすること」である。

例えば高いブランド品をもらった時は、もちろん嬉しい。しかし、幼い子供が手作りの紙細工を自分のために手間をかけて作ってくれ、それに添え書きなどがあるものをもらうと、心がほっこりする。お金には代えられない喜びがある。

人に何かを話す時には、自分が見たものを、自分が嬉しかったことに変換してみるとよい。人の喜びは、詰まるところ「心（気持ち）」の問題である。話の「主役」を「モノ」から「心」に変えて、相手に質問すると、場の雰囲気が良くなることが多い。単に、相手の自慢話で終わらせることにもならない。

また、その場は「嬉しい」「気持ちがいい」という、心の話になるから、場がほっこりする傾向が強い。

もちろん、TPOはわきまえて話すべきだが、自分も相手も本当に自己肯定感が持てて、気持ちが温かくなるのは、「売れたという事実」ではなく、「お客さんと通じ合った」という気持ちの問題が大きかったりすることに気づくだろう。

売れた事実は結果にすぎないから、話でいうと枝葉の部分に当たる。楽しくないことはないが膨らみが少ない。だが、売れた根拠（根っこ）の部分に目を向けると、誰もが楽しめる話になりやすいものだ。

Zoom会議をうまくいかせる秘訣――相槌に技あり❶

人が何かを告げる。いいタイミングで相手から返答があると、快感があるものである。「つながった」という気持ちが高揚感さえ生む。投手と捕手が、お互いの球を、グラブやミットで快《こころよ》い音を立てながら受けると、投球のリズムも整ってくる。コミュニケーションが「キャッチボール」たるゆえんである。

近年は、コミュニケーションの主流がLINEになりつつある。そして、LINEではそのリズムが起こらない。「発信」に対して「既読」は付いても、「心地よい返事」がなかなか来なければ、コミュニケーションの「キャッチボール」ができた気がしない。時間差がある分、リズムが伴わなので、スカッとしないのである。

ここでは、フェイス・ツー・フェイスのコミュニケーションについて話したい。

こちらが話をしている時に、表情を変えずに、じっとこちらを見ている人がいる。本人に悪気はない。ちゃんと聞いているのである。だが、動かないものが相手では話しにくい。こちらの話の内容に合わせて、表情の変化（ほんの少しでもよい）や相槌《あいづち》を打ってくれると、話し手のリズムが作りやすいものだ。「相槌」とは、刀鍛冶《かたなかじ》が刀を打つ時、師匠と弟子で呼吸を合わせて交互に槌を振るったことが語源になっている。「打てば響く」感じといえばいいだろうか。

この感覚は、主にフェイス・ツー・フェイス、あるいはZoom会議などでも得られるものである。LINEなど交換する情報が言語だけのツールでは難しい。

相槌も、最初は語彙《ごい》がないと出にくいものだ。「それ、いいですね！」「なるほど！」「ですよね！ そう思った」などの「合いの手」が入ると、相手も気分よく話しやすい。最初は、そんな便利な言葉のストックもないので、メモしておいて使うのもいい。

問題は、○○の一つ覚えのように、その言葉ばかりを発しているうちに、それが口癖になってしまうこと。相手の発した言葉が自分の心に何も響いていないのに「それ、いいですね！」などと言い始めると、相手が離れていくので要注意だ。

「なるほど」を連発していないか――相槌に技あり❷

ある雑誌のインタビュアーをやっていた時のことである。

編集担当者のAは有名大学を出た秀才であった。まだ若いのでキャリアは浅いが、飲み込みのいい男だから、編集の基本は早めに覚えてくれた。困ったのは、彼がマニュアル人間だったことである。

私が相手に質問すると、相手からはそれなりの答えが返ってくる。もちろん間違いではないが、私はその問題をもう少し深めたいと考えている。

ところがAは、相手が何かを言うと、間髪を入れずに「なるほど」と相槌を入れてしまう。本人はインテリのつもりだから、インテリっぽく「なるほど」と言うのである。だが、しっかりした感じの人に一度「なるほど」と言われてしまうと、相手もほっとして、その話題が終わってしまう。インタビュアーである私も、それ以上話が深められなくなってしまうのである。

「なるほど」はインタビューの時には大変、便利な言葉である。Aはその便利さに気づいたのだろう。だからついつい多用してしまった。だがコミュニケーションの世界では、便利は落とし穴と知るべきである。

Aは自分の常套句《じょうとうく》である「なるほど」を必要以上に入れてくる。たびたび使っているうちに、口癖になってしまった感がある。本人がいくら賢そうに言っても、一度口癖だと思われてしまえば、それはチープな言葉になってしまう。本人は賢そうに見せているつもりだが、相手は頭が硬直化している人間だと感じる。

相槌も、相手の言葉をきちんと聞いて、心で感じ、心から出てきた時にこそ相手に届くものだ。コミュニケーションに楽な方法はないのである。

ビジネス本に「こうすればうまくいく」式のマニュアルが書いてあることがある。しかし同じ言葉でも、自分の心が動いていない言葉は、相手に届かないと心得よう。

アドバイスの要諦は「手柄を相手に与える」こと

関君子は、日本一のキャディとして知られている。野地秩嘉《のじつねよし》著『サービスの天才たち』（新潮新書）に紹介されているが、どんなトッププロに信頼されているか、などは書かれていない。しかし、次のエピソードだけで、ゴルフを愛する人なら、彼女が優れたキャディであることがわかるはずだ。

一流のキャディは芝目を的確に読んで、プレーヤーにアドバイスする。だが、それだけでは〝一流〟にはなれない。

関は「私はスライスラインと読みました。そうですね。カップ半分ほど曲がるようです」という言葉で伝える。私はこう考えるが、選択するのはあくまでプレーヤーですよ、と言っているのである。

プレーヤーが難しいパットを沈めたとしよう。その時、キャディが〝決めて〟指示を出したような感じになってしまうと、手柄がキャディに行ってしまう。しかし、あくまで黒子のアドバイスにとどまっていれば、手柄はプレーヤーのものとなる。

ビジネスシーンでも使えるアドバイスのコツである。

苦戦している後輩に、「俺はこの方法で成功した。君もやってみろ」と言えば、後輩が結果を出した時、「俺のアドバイスのおかげで、あいつは伸びたのだ」と言いたくなってしまう。

しかし、「Aという方法もあるが、Bも捨てがたい。やってみなくちゃわからないが、自分が思うことをやってみたら?」と言ったとしよう。後輩が結果を出した時に、「自分で活路を開いたのだ」と思えるはずである。

アドバイスを出すほうは、手柄が相手に行くように配慮するのである。

成果を出している営業マンは十分に手柄があるのだから、後輩に譲ってあげる余裕を持つと、人間関係もスムーズにいくものである。

だが成果がない人が、人にアドバイスするのは難しい。どうしても手柄を自分のほうに持っていきたくなるからだ。

相手に「花を持たせる」のは余裕のなせる業《わざ》である（キャディとゴルファーのように役割がきちんと決まっている場合は、手柄の行き先も決まっているのだが……）。

まあ、あまり細かいことは考えずに、手柄を独り占めするのはよくないことだと心得ておけばよい。

意味もなく首を横に振らない

会議などで、自分と違う意見が出た時に、無意識に首を横に振る人がいる。大きく振る人は自覚もあるだろうが、動きが小さい人に自覚のない人もいる。

会議の議長をやってみるとわかるが、首を横に振る人が何人かいると、雰囲気が悪くなる。もちろん、本当に反対ならば、首を横に振っても差し支えはない。反対の態度を表明しているのだから。

困るのは、それほど反対でもない時に（自分のフィーリングとちょっと違うなと感じる程度）にも、首を横に振るのが癖になっている人である。

私の経験で言うと、大企業でも職位の高い人たちばかりの会議や、多様なジャンルでリーダーになっている人たちばかりが出席する会議では、そういう人は少ない。いろいろな会議を経験していく中で、会議にふさわしい態度を学習しているからだ。

どんな会議でも、８割程度の議案には、反対することはない。特に反対することがなければ、ニコニコしながら頷《うなず》いていればよい。議長は、頷いている人が一人でも多いとホッとするものである。無駄な軋轢《あつれき》は減らして、本当に反対する時だけ反対すればいい。

首を横に振るのは、多くの場合、それが癖になっているからである。癖を直すのは難しい。もし自分が首を横に振る癖があると気づいたならば、特に異論がないなら頷こうと決めるといい。○○してはならないと考えるよりも、○○したほうがベターだと考えたほうが、精神衛生にはいいからだ。

また会議の間中、下を向いている人もいる。そうしたしぐさは、会議に積極的に参加したくないという表明の場合もある。また、感情が顔に出やすい人で、それを人に悟られたくないという場合もある。

いずれの場合も会議の主催者にしてみれば、感じのいい態度ではない。

会議が好きであろうとなかろうと、そこにいる時間も仕事なのだから、なるべく有意義に過ごしたほうがいい。

私の場合、あまり楽しくない会議に出る時は、お気に入りの筆記具で、できるだけきれいな字でメモを取るようにしている。会議が終わった時に、議案書に赤と青で見栄えもよく、きれいな字でメモが埋まっていると、自分なりに小さな満足感は得られる。他の人も、あの人はメモが好きな人なのだという理解の仕方をしてくれる。ただ下を向いているよりは、印象は悪くない。

会議の時間は、自分をできるだけ悪印象にしない、また、つまらない時間にしないような工夫をするといい。

「自然に笑う」ことは案外、難しい

コミュニケーションの場では、「笑顔」はなんにでも効く万能薬である。

笑顔のいい人は人に好かれる。笑顔のいい人は、嫌みがない。笑顔のいい人は、場の雰囲気を壊さない。もちろん例外はあるが。

どのコミュニケーションに関する本を読んでも、「笑顔が大切」と書いてある。だが、普段が笑顔でない人が笑顔で人に接するといっても、これほど難しいこともない。

例えば、集合写真を撮る時など。カメラマンは「カメラを見て、はい、笑って」と言ってシャッターを切る。これでカメラに向かって笑顔の作れる人は、子供の頃から「人にどう見えるか」「どう見られたいか」を意識しながら生きてきた人に違いない。ほとんどの人は、フリーズするのだから「凍った顔」になってしまう。

演劇の世界にいると、「自然に笑う」ことほど難しいことも少ないことがわかる。

少し説明が増えるが、ここは演劇の専門家としてきちんと話しておこう。

「笑い」には大きく分けて、二種類ある。学者によっては分類が増えるが、普通の人は「社交的な笑い」と「本能的な笑い」の二種類を知っていればよい。

前者は、CA（飛行機の客室乗務員）や、ホテルマン、デパートの店員などの笑いである。職業的な笑いと言い換えてもよいが、「社交場の一つのマナーになっている笑い」なのである。鏡を見ながら「眼輪筋《がんりんきん》（目の周りについている表情筋）」を動かしていると、笑顔に見える顔は作れる。端的に言うと、CAのほほえみである。

ＣＡはもちろん乗客すべてに、好意を抱いて、笑顔になっているのではない。心の中では、私生活上のイライラを抱えていることもあるだろう。それでも、笑顔に見えるのは、眼輪筋を使って「一見笑顔」に見せているだけである。

心の底から笑っていないことは、目尻を見ればわかる。目尻にしわが寄っていないのだ。とは言っても、心から笑っている人もいるのである。顔だけが営業用のスマイルというだけで。

コミュニケーションの武器となる、いい笑顔のつくり方

心から笑っている時は、人は目尻に小じわが寄る。社交的な笑いではなく「本能的な笑い」の時はそうなるものだ。本能的な笑いで典型的なものは、赤ちゃんがお乳を飲んだ時に満足して見せる笑いである。また、授業中誰かがオナラをして、笑いがこらえきれなくなり、教室中が笑いの渦《うず》に巻き込まれた時なども同様である。

一般的には、私たちがおなかを抱えて笑っている状態である。自分の心がまず笑い、その満足感が表情に表現されるという流れである。まず心が笑い、その笑いを顔が表現する

のだ。

ＣＡのような、笑顔の練習をしていない人は、こちらの本能の笑いを使うのが最もよい。例えば写真を撮る時。カメラのレンズをただ見ると緊張する。だから、レンズを見ながら、自分の気持ちがほっこりする光景や物を頭の中で想像する。すると心が満たされる。満たされた心が表情を笑顔に導くという具合である。

私の場合は、自分が生まれ育った福岡を流れる筑後川《ちくごがわ》の河原を思い出す。春先に菜の花が咲き乱れている筑後川の河原はいつ見ても美しく、子供時代を懐かしく呼び起こしてくれる。

もちろん特定の人物でもよい。その人の顔を思い浮かべれば、自然に笑顔になれる人の一人や二人、誰もが持っているものだ。その顔を思い浮かべれば、無理をしなくても自然に笑顔になる。

私たちは笑顔を作るプロではないのだから、まず内面を作って、それが表情に表れるというプロセスを踏むといい。

あとがき

私は、観戦のみだが将棋ファンである。将棋のいいところは、「両者が全情報を開示して戦う」ことである。武器は将棋盤と駒台にある駒のみ。隠し事は一切ない。運などの偶然に左右されることもない。

サッカーならば、味方のパスが審判に当たって、敵のボールになった、など偶然の要素に左右されることがある。しかし、将棋にはそれがない。

棋士《きし》は全存在を懸けて戦う。勝ちに幸運の勝ちはなく、負けに偶然の負けはない。勝者と敗者には、一切の言い訳はない。全面勝利と全面敗北があるだけである。

とてつもなく厳しい世界だ。両者は、同じ情報を共有し、これ以上、上はいないという天才と天才が戦って「勝ち」と「負け」だけがある。

将棋も同じ盤面を見ながら、両者異なるものが見えているのであろう。「見る」という行為の苛烈《かれつ》さを感じたくて、私はプロ将棋のテレビ観戦に夢中になるのだ。

最近の将棋は、藤井聡太四冠（２０２１年12月時点）のめざましい活躍に目が奪われている感がある。天才と呼ばれる先輩たちを、次々と打ち負かしてしまうのだから天才中の天才なのである。藤井時代はしばらく続くと思われる。

将棋の得意な人なら、藤井四冠が指す一手一手に感動することもあるだろう。しかし悲しいかな、私たち素人《しろうと》は、よほど鮮やかな手でない限りその凄《すご》さがわからない。だから、藤井四冠が勝ってもそれほど感動しない。勝って当たり前なのである。

将棋ファンが、ここ数年で最も感動した勝負は、2019年に木村一基《かずき》九段が豊島将之《とよしままさゆき》王位を破り、「王位」のタイトルを獲得した戦いではなかろうか（2020年に失冠）。木村九段はそれまで6回もタイトルに挑戦し、すべて失敗に終わっている。タイトルへの道がとてつもなく長い棋士なのである。

近年の将棋は、コンピューターを使って研究するために、戦い方が変わったといわれている。当然、幼い時からコンピューターを使って将棋を研究している若手が有利である。だから46歳の木村九段は、タイトルへの挑戦権を獲得しただけでも十分で、タイトル獲得は不可能のように思えた。

それまでタイトルの最年長記録は、有吉道夫《ありよしみちお》九段が持っていた37歳6か月（1973年の棋聖《きせい》戦）。豊島王位に挑戦した木村九段は、46歳3か月である。タイトル獲得の最年長記録を、９歳も塗り替えることになった。

将棋ファンの想いは木村九段の背中を押していた。というのも、木村九段は人柄が良いことで知られている。将棋も、本当に強い人は人柄も良い人であってほしい——。それが多くの人の願いである。

勝った直後の木村九段は、放心状態でしばし動けない感じだった。能力の限界を超えた激戦の末の勝利である。中年の将棋ファンには、「神はいるのだな」と思った人もいるだろう。

木村九段のタイトル獲得は、中年に希望を与えたと言われた。それだけではなく、人間、最後は人柄勝負だなと思わせてくれたことが大きい。

晩年は、多くの人から背中を押されるような生き方をしたいものである。木村九段は失冠した後「最初から立て直しです」と述べていた。彼は、現在も本気でタイトルをとる気迫で対局に挑んでいる。自分の中に希望を見つけたからだ。

多くのことを述べてきたが、究極的にはただ一つ、「自分の中に希望を見つける力」を身に付ける一助になれば、これほど嬉しいことはない。

◉参考文献

コナン・ドイル著、鈴木幸夫訳『シャーロック・ホームズの冒険』(角川文庫)
吉村昭『三陸海岸大津波』(文春文庫)
野地秩嘉『サービスの天才たち』(新潮新書)
色川武大『うらおもて人生録』(新潮文庫)
ハーバード・ビジネス・レビュー編『コミュニケーションの教科書』(ダイヤモンド社)
羽生善治『直感力』(PHP文庫)
大山康晴『勝負のこころ』(PHP文庫)
日本心理学会監修、邑本俊亮・池田まさみ編集『心理学の神話をめぐって—信じる心と見抜く心』(誠信書房)
金菱清編『3・11慟哭の記録—71人が体感した大津波・原発・巨大地震』(新曜社)
デイヴィッド・マクレイニー著、安原和見訳『思考のトラップ 脳があなたをダマす48のやり方』(二見書房)
野地秩嘉『日本一の秘書—サービスの達人たち』(新潮新書)
デイヴィッド・J・リンデン著、岩坂彰訳『触れることの科学 なぜ感じるのか どう感じるのか』(河出文庫)
灰谷健次郎『わたしの出会った子どもたち』(角川文庫)
松下幸之助『人事万華鏡—私の人の見方・育て方』(PHP文庫)
エッカーマン著、山下肇訳『ゲーテとの対話』(岩波文庫)
河合隼雄、村上春樹『村上春樹、河合隼雄に会いにいく』(新潮文庫)
米原万里『不実な美女か貞淑な醜女か』(新潮文庫)

見抜く力
結果を出す人はどこを見ているか

2022年1月20日　初版印刷
2022年1月30日　初版発行

著者◉竹内一郎

企画・編集◉株式会社夢の設計社
東京都新宿区山吹町261　〒162-0801
電話（03）3267-7851（編集）

発行者◉小野寺優

発行所◉株式会社河出書房新社
東京都渋谷区千駄ヶ谷2-32-2　〒151-0051
電話（03）3404-1201（営業）
https://www.kawade.co.jp/

DTP◉株式会社翔美アート

印刷・製本◉中央精版印刷株式会社

Printed in Japan　ISBN978-4-309-50432-2